Campus

neu

Gesamtkurs Latein

Ausgabe B

Wort für Wort

C.C.BUCHNER

Campus neu

Gesamtkurs Latein. Ausgabe B
Herausgegeben von Clement Utz und Andrea Kammerer

Wort für Wort
Herausgegeben von Michael Lobe und Christian Zitzl
Bearbeitet von Johannes Fuchs

1. Auflage, 1. Druck 2017
Alle Drucke dieser Auflage sind, weil untereinander unverändert, nebeneinander benutzbar.

Dieses Werk folgt der reformierten Rechtschreibung und Zeichensetzung. Ausnahmen bilden Texte, bei denen künstlerische, philologische oder lizenzrechtliche Gründe einer Änderung entgegenstehen.

Redaktion: Laura Kampmann
Layout und Satz: Cross Media Solutions GmbH, Würzburg
Illustrationen: tiff.any GmbH, Berlin / Heimo Brandt
Umschlaggestaltung: HOCHVIER GmbH & Co. KG, Bamberg
Druck und Bindung: Brüder Glöckler GmbH, Wöllersdorf

www.ccbuchner.de

ISBN 978-3-661-**40085**-3

Vorwort

Marcus ludum intrat. Marcus tritt die Schule ein.

Wieso stimmt diese Übersetzung nicht, obwohl in deinem Lehrbuch doch steht „ludus: das Spiel; die Schule" (Lektion 10) und „intrare: betreten, eintreten" (Lektion 8)?

Du hast es sicherlich gleich erkannt: Die Übersetzung stimmt deshalb nicht, weil die Übersetzung eines Satzes mehr ist als das bloße Zusammensetzen von gelernten Wortbedeutungen. Viele Wörter erhalten ihre jeweilige Bedeutung nämlich erst aus dem Zusammenhang und der Satzkonstruktion. Und so ist es ein gewaltiger Unterschied, ob ich irgendwo (!) eintrete oder irgendetwas (!) eintrete. „Eintreten" ist nicht gleich „eintreten".

In deiner Muttersprache ist dir das ohne Weiteres klar. Aber in einer Fremdsprache musst du erst verstehen, dass ein und dasselbe Wort je nach Zusammenhang Verschiedenes bedeuten kann. Damit du aber ein Gefühl dafür entwickelst, was ein Wort in welchem Zusammenhang / Kontext bedeutet, brauchst du Beispiele, Beispiele, Beispiele.

Solche Beispiele bietet dir dieses Heft in Form von Wendungen und Kurzsätzen. Zu jedem neu gelernten Wort werden dir in der Regel drei Verwendungsbeispiele mit steigendem Schwierigkeitsgrad geboten:
●: ein leichtes Beispiel, das jeder können muss
●: ein mittelschweres Beispiel, das jeder können sollte
●: ein anspruchsvolleres Beispiel, das von den experti (!) gelöst werden kann

Lerne mithilfe dieser Beispiele das neue lateinische Wort einfach näher kennen. Lass dich dann mit den Beispielen abfragen oder teste dich selbst, indem du die Seite an der gestrichelten Linie umknickst oder abdeckst und die rechte Spalte jeweils nur zur Kontrolle verwendest.
Jeder Lektion ist ein Lerntipp zum richtigen Vokabellernen vorangestellt. Sicherlich ist der eine oder andere Tipp für dich hilfreich. Auch die Merk-Hilfen („MH") wie Eselsbrücken oder Wörter aus modernen Fremdsprachen sollen dich darin unterstützen, dir die lateinischen Wörter leichter einzuprägen. Zu Beginn jeder Lektion findest du außerdem eine Illustration, die mindestens ein Lernwort der jeweiligen Lektion aufgreift. Findest du heraus, welche(s)?
Übrigens: Vokabeln, die zu den 500 häufigsten lateinischen Wörtern gehören, sind durch blauen Druck hervorgehoben. Dein Ziel sollte es aber sein, möglichst alle Wörter zu lernen und zu behalten. Und jetzt: Viel Vergnügen!

1

Kaum zu glauben, aber Latein wurde tatsächlich von Millionen Menschen gesprochen. Heute spricht niemand mehr Latein, aber die Vokabeln nicht nur lateinisch-deutsch, sondern auch deutsch-lateinisch zu lernen, ist trotzdem äußerst sinnvoll. Denn Wörter, die du in beide Richtungen sicher beherrschst, „sitzen" einfach besser.

puella	das Mädchen, die Freundin
• puella et equus	• ein / das Mädchen und ein / das Pferd
• equi et puellae	• (die) Pferde und (die) Mädchen
• der Großvater und die Mädchen	• avus et puellae
serva	die Sklavin, die Dienerin
• serva et puella	• eine / die Sklavin und ein / das Mädchen
• puella et servae	• ein / das Mädchen und (die) Sklavinnen
• die Sklavinnen und die Mädchen	• servae et puellae
silva	der Wald
• silvae	• (die) Wälder
• serva et silva	• eine / die Sklavin und ein / der Wald
• Wälder, ein Mädchen und Sklavinnen	• silvae, puella, servae
via	der Weg, die Straße
• via et silvae	• ein / der Weg und (die) Wälder
• silva et viae	• ein / der Wald und (die) Wege / Straßen
• Straßen und Wälder	• viae et silvae
vīlla	das Haus, das Landhaus
• villa et via	• ein / das (Land-)Haus und der Weg / die Straße
• viae, villae, silvae	• Wege, Häuser und Wälder
• die Häuser, der Wald und die Straße	• villae, silva, via
avus	der Großvater
• avus et puellae	• ein / der Großvater und (die) Mädchen
• puellae et avi	• (die) Mädchen und (die) Großväter
• die Großväter und die Sklavinnen	• avi et servae
campus	das Feld, der freie Platz
• campus et via et silva	• ein / das Feld, ein / der Weg und ein / der Wald
• campi et viae et silva	• (die) Felder, (die) Wege und ein / der Wald
• Wälder und Felder	• silvae et campi

equus	das Pferd
• equus et puella	• ein / das Pferd und ein / das Mädchen
• servae et equi et puellae	• (die) Sklavinnen, (die) Pferde und (die) Mädchen
• Pferde, Felder und Wälder	• equi, campi, silvae
mūrus	die Mauer
• murus, equus, campus	• eine / die Mauer, ein / das Pferd und ein / das Feld
• muri et villae	• (die) Mauern und (die) Häuser
• die Mauern und die Wege	• muri et viae
servus	der Sklave, der Diener
• servus et serva	• ein / der Sklave und eine / die Sklavin
• puella et servi et servae	• ein / das Mädchen, (die) Sklaven und Sklavinnen
• Sklavinnen und Sklaven	• servae et servi
vīcus	das Dorf, die Gasse
• vicus, via, villa	• ein / das Dorf, ein / der Weg und ein / das Haus
• vici, silvae, campi	• (die) Dörfer / Gassen, Wälder und Felder
• Dörfer, Häuser und Wege	• vici, villae, viae
et	und, auch
• servi et servae	• (die) Sklaven und Sklavinnen
• et avus	• auch der Großvater
• der Großvater, die Mädchen und die Pferde	• avus et puellae et equi

2

Du lernst leichter Vokabeln, wenn du weißt, wie es geht, bzw. wenn du die richtigen Lernstrategien kennst. Gute und wichtige Lerntechniken zum Vokabellernen findest du in deinem Lehrbuch: z. B. auf Seite 149 / 153 / 157 ...
Zudem kann es dir helfen, deinen Vater oder deine Mutter, Bruder oder Schwester, Oma oder Opa, Freund oder Freundin ... zu bitten, dich die gelernten Vokabeln abzufragen.

esse (est / sunt)	sein, sich befinden (er, sie, es ist / sie sind)
• Cornelia puella est. Et Iulia puella est.	• Cornelia ist ein Mädchen. Auch Julia ist ein Mädchen.
• Julia und Cornelia sind Mädchen.	• Iulia et Cornelia puellae sunt.

rīdēre
- Avus ridet.
- Servus et serva rident.
- Die Sklavinnen lachen.

lachen, auslachen
- (Der) Großvater lacht.
- Der Sklave und die Sklavin lachen.
- Servae rident.

---

nōn (MH: e. *no*)
- Cornelia serva non est.
- Puellae non rident.
- Cornelia und Julia sind nicht / keine Sklavinnen.

nicht
- Cornelia ist keine (nicht eine) Sklavin.
- Die Mädchen lachen nicht.
- Cornelia et Iulia servae non sunt.

---

cūr?
- Cur Homilia serva est?
- Cur puellae non rident?
- Warum lacht der Großvater?

warum?
- Warum ist Homilia (eine) Sklavin?
- Warum lachen die Mädchen nicht?
- Cur avus ridet?

---

pārēre (MH: Ein Hund sollte **parieren**.)
- Servus paret.
- Puellae non parent.
- Warum gehorchen die Sklaven nicht?

gehorchen
- Der Sklave gehorcht.
- Die Mädchen gehorchen nicht.
- Cur servi non parent?

---

monēre
- Puellae non monent.
- Avus monet. Servus paret.
- Warum mahnt der Großvater?

mahnen, ermahnen
- Die Mädchen mahnen nicht.
- Der Großvater mahnt. Der Sklave gehorcht.
- Cur avus monet?

---

dēbēre
- Equus parere debet.
- Servi et servae parere debent.
- Julia muss gehorchen.

müssen, sollen
- Das / Ein Pferd muss / soll gehorchen.
- Sklaven und Sklavinnen müssen gehorchen.
- Iulia parere debet.

---

quid?
- Quid est?
- Quid equus timet?
- Was müssen die Sklaven fürchten?

was?
- Was ist?
- Was fürchtet das Pferd?
- Quid servi timere debent?

---

timēre
- Puella timet.
- Avus monet. Servi timent.
- Warum haben die Sklavinnen Angst?

fürchten, Angst haben
- Das Mädchen hat Angst.
- Der Großvater mahnt. Die Sklaven haben Angst.
- Cur servae timent?

---

oculus
dolēre
- Oculus dolet.
- Oculi non dolent.
- Warum tun die Augen weh?

das Auge
schmerzen, wehtun
- Das Auge tut weh.
- Die Augen tun nicht weh.
- Cur oculi dolent?

nunc *Adv.*	nun, jetzt
● Avus monet. Nunc servus paret.	● Der Großvater mahnt. Jetzt gehorcht der Sklave.
● Avus monet. Nunc puellae parere debent.	● Der Großvater mahnt. Nun müssen die Mädchen gehorchen.
● Jetzt lachen der Großvater und die Mädchen.	● Nunc avus et puellae rident.
tacēre	schweigen, verschweigen
● Servi tacent.	● Die Sklaven schweigen.
● Quid Cornelia tacet?	● Was verschweigt Cornelia?
● Warum müssen die Mädchen jetzt schweigen?	● Cur puellae nunc tacere debent?

3

Lerne in überschaubaren Portionen und lass dich zwar abfragen, aber nicht allzu lange. Dreimal fünf Minuten Vokabeln zu lernen, ist besser als einmal fünfzehn Minuten.

hīc *Adv.*	hier
● Hic villa est.	● Hier ist das Landhaus.
● Hic puellae rident.	● Hier lachen die Mädchen.
● Der Sklave befindet sich hier.	● Hic servus est.
dominus	der Herr
● Dominus monet.	● Der / Ein Herr (er-)mahnt.
● Hic domini servos monent.	● Hier (er-)mahnen die Herren die Sklaven.
● Der Herr muss den Sklaven ermahnen.	● Dominus servum monere debet.
ibī *Adv.*	dort
● hic et ibi	● hier und dort
● Hic serva (est), ibi servus est.	● Hier ist die Sklavin, dort (ist) der Sklave.
● Dort sind die Dörfer und Felder.	● Ibi vici et campi sunt.
sedēre (MH: e. *to sit*)	sitzen
● Ibi servus non sedet.	● Dort sitzt der Sklave nicht.
● Cur servi ibi sedere debent?	● Warum müssen die Sklaven dort sitzen?
● Der Großvater sitzt hier.	● Hic avus sedet.

sed ● Serva tacet, sed puella ridet. ● Non servae, sed puellae rident. ● Nicht der Herr, sondern der Sklave gehorcht.	aber, sondern ● Die Sklavin schweigt, aber das Mädchen lacht. ● Nicht die Sklavinnen, sondern die Mädchen lachen. ● Non dominus, sed servus paret.
respondēre ● Servae nunc respondent. ● Serva non tacet, sed respondet. ● Warum antwortet der Sklave nicht?	antworten ● Die Sklavinnen antworten nun. ● Die Sklavin schweigt nicht, sondern (sie) antwortet. ● Cur servus non respondet?
quis? ● quis et quid? ● Quis nunc respondet? ● Wer fürchtet den Herrn?	wer? ● wer und was? ● Wer antwortet jetzt? ● Quis dominum timet?
augēre (MH: Auktion) ● Servus murum auget. ● Cur servi muros augere debent? ● Sie vergrößern das Haus.	vergrößern, vermehren ● Der Sklave vergrößert die Mauer. ● Warum müssen die Sklaven die Mauern vergrößern? ● Villam augent.
neque ● non – nunc – neque ● Serva non timet. Neque Iulia timet. ● Der Sklave antwortet nicht. Er lacht auch nicht.	und nicht, auch nicht ● nicht – nun, jetzt – und nicht, auch nicht ● Die Sklavin fürchtet sich nicht. Auch Julia fürchtet sich nicht. ● Servus non respondet. Neque ridet.
neque ... neque ● non – neque – neque ... neque ● Neque dominus neque servi rident. ● Weder die Sklaven noch die Sklavinnen gehorchen.	weder ... noch ● nicht – und nicht, auch nicht – weder ... noch ● Weder der Herr noch die Sklaven lachen. ● Neque servi neque servae parent.
terrēre (MH: Terror) ● timere ↔ terrere ● Puellae equos non terrent. Equi non timent. ● Der Sklave erschreckt jetzt die Mädchen.	erschrecken ● fürchten / Angst haben ↔ erschrecken ● Die Mädchen erschrecken die Pferde nicht. Die Pferde fürchten sich nicht. ● Servus puellas nunc terret.
lingua (MH: e. *language*) ● lingua Latina (!) ● Lingua servos terret. Servi linguam timent. ● Sie fürchtet die Sprache nicht.	die Sprache, die Rede ● die lateinische Sprache / Latein ● Die Sprache erschreckt die Sklaven. Die Sklaven fürchten die Sprache. ● Linguam non timet.

nam (MH: nam ~ nämlich)	denn, nämlich
● nam – non – nunc	● denn, nämlich – nicht – nun, jetzt
● Servi nunc parent. Nam avus servos monet.	● Die Sklaven gehorchen jetzt. Denn der Großvater ermahnt die Sklaven. / Der Großvater ermahnt nämlich die Sklaven.
● Die Sklaven lachen nicht. Denn die Augen tun weh.	● Servi non rident. Nam oculi dolent.

4

Du kennst vielleicht das Sprichwort: „Kleinvieh macht auch Mist." Auf das Vokabellernen angewendet heißt das, dass du gerade für die sogenannten „kleinen Wörter" wie iam, tum, saepe oft den größten Lernaufwand betreiben musst. Sie kommen besonders häufig vor, sind dabei aber leicht zu verwechseln. Deshalb sind Eselsbrücken hier besonders wichtig.

gaudēre, gaudeō (MH: Gaudi)	sich freuen
● Dominus gaudet.	● Der Herr freut sich.
● Gaudemus. Nam tacetis.	● Wir freuen uns. Denn ihr schweigt.
● Ihr freut euch.	● Gaudetis.
amīcus (MH: s. *amigo*)	der Freund
● Amicus ibi sedet.	● Der / Ein Freund sitzt dort.
● Amicus amicum non ridet.	● Ein Freund lacht den / seinen Freund nicht aus.
● Der Großvater und der Sklave sind Freunde.	● Avus et servus amici sunt.
docēre, doceō (MH: Dozent, Doktor)	lehren, unterrichten
● Amicus servos docet.	● Der Freund unterrichtet die Sklaven.
● Linguam doces.	● Du lehrst die / eine Sprache.
● Warum unterrichtet ihr nicht die Mädchen?	● Cur puellas non docetis?
studēre, studeō (MH: Student, Studium)	sich bemühen, studieren
● Amicus docere studet.	● Der Freund bemüht sich zu unterrichten.
● Puellae nunc student.	● Die Mädchen studieren jetzt.
● Wir bemühen uns zu gehorchen.	● Parere studemus.
tabula (MH: Tabelle, Tafel)	die (Schreib-)Tafel, das Gemälde
tenēre, teneō	halten, festhalten, besitzen
● Servus tabulam tenet.	● Der Sklave hält die Schreibtafel (fest).
● Nunc domini tabulas tenent.	● Jetzt halten die Herren die Schreibtafeln (fest).
● Wir besitzen Tafeln.	● Tabulas tenemus.

praebēre, praebeō ● Avus tabulas praebet. ● Avus tabulam tenet. Nunc tabulam praebet. ● Konjugiere praebēre.	geben, hinhalten ● Der Großvater hält die Schreibtafeln hin. ● Der Großvater hält die Tafel. Jetzt gibt er die Tafel. ● praebeō, praebēs, praebet, praebēmus, praebētis, praebent
iam *Adv.* ● Puella iam paret. ● Avus monet. Servi iam parent. ● Die Freunde studieren bereits.	schon, bereits; nun ● Das Mädchen gehorcht schon. ● Der Großvater mahnt. Die Sklaven gehorchen schon. ● Amici iam student.
prīmō *Adv.* ● Primo serva timet. ● Primo servae timent. Sed nunc gaudent. ● Zuerst müsst ihr schweigen.	zuerst ● Zuerst fürchtet sich die Sklavin. ● Zuerst fürchten sich die Sklavinnen. Aber jetzt freuen sie sich. ● Primo tacere debetis.
tum *Adv.* ● Primo servus tacet. Tum respondet. ● nunc – iam – primo – tum ● Zuerst lachst du, dann schweigst du.	da, dann, darauf, damals ● Zuerst schweigt der Sklave. Dann antwortet er. ● nun, jetzt – schon, bereits; nun – zuerst – da, dann, darauf, damals ● Primo rides, tum taces.
rēctē *Adv.* ● Puellae recte respondent. ● Avus: „Recte respondetis." ● Der Großvater ermahnt die Sklaven zu Recht.	richtig, zu Recht ● Die Mädchen antworten richtig. ● Der Großvater (sagt): „Ihr antwortet richtig." ● Avus servos recte monet.
nōn iam ● Servi non iam student. ● Cur equos non iam tenetis? ● Ich antworte nicht mehr.	nicht mehr ● Die Sklaven bemühen sich nicht mehr. ● Warum haltet ihr die Pferde nicht mehr? ● Non iam respondeo.
saepe *Adv.* ● Puellae saepe rident. ● Amicus non saepe studet. ● Der Großvater unterrichtet die Sklaven oft.	oft ● Die Mädchen lachen oft. ● Der Freund studiert nicht oft. ● Avus servos saepe docet.
numquam *Adv.* ● Iulia numquam tacet. ● non – non iam – neque – neque ... neque – numquam ● Ich erschrecke die Freunde oft. Aber die Freunde fürchten sich niemals.	niemals ● Julia schweigt nie(mals). ● nicht – nicht mehr – und nicht, auch nicht – weder ... noch – niemals ● Amicos saepe terreo. Sed amici numquam timent.

5

Lerne regelmäßig und lass dich regelmäßig abfragen. Das ist besser, als kurz vor der Schulaufgabe stundenlang Vokabeln zu pauken. Nur „Superhirne" können mehr als 10 Wörter am Stück verarbeiten.

sonus (MH: Marke „Sony" bzw. e. *sound*) ● Sonus terret. ● Soni puellas non iam terrent. ● Ich fürchte das Geräusch.	der Ton, der Klang, das Geräusch ● Das Geräusch erschreckt. ● Die Geräusche erschrecken die Mädchen nicht mehr. ● Sonum timeo.
latēre, lateō ● Quis ibi latet? ● Ibi amici latent. ● Warum seid ihr oft verborgen? (= Warum versteckt ihr euch oft?)	verborgen sein ● Wer ist dort verborgen? ● Dort sind die Freunde verborgen. ● Cur saepe latetis?
subitō *Adv.* ● subito – saepe – sed ● Ibi serva est. Sed subito latet. ● Plötzlich erschreckt ein Geräusch den Freund.	plötzlich ● plötzlich – oft – aber, sondern ● Dort ist die Sklavin. Aber plötzlich ist sie verborgen. ● Subito sonus amicum terret.
gladius (MH: der Gladiator ~ Schwert-Kämpfer) ● Gladium tenes. ● Servus avo gladium praebet. ● Wir halten die Schwerter.	das Schwert ● Du hältst ein / das Schwert. ● Der Sklave gibt dem Großvater ein / das Schwert. ● Gladios tenemus.
torquēre, torqueō (MH: Tortur) ● Amicus amicum non torquet. ● Avus servos non torquere studet. ● Du sollst keine Pferde quälen.	drehen; quälen ● Ein Freund quält den / seinen Freund nicht. ● Der Großvater bemüht sich, die Sklaven nicht zu quälen. ● Equos torquere non debes.
scelerātus ● Sceleratus ridet. ● Servus scelerato gladium praebet. ● Die Verbrecher besitzen Schwerter.	der Verbrecher ● Der Verbrecher lacht. ● Der Sklave gibt dem Verbrecher das Schwert. ● Scelerati gladios tenent.

flēre, fleō ● Cur fletis? ● Sceleratus puellas terret. Puellae nunc flent. ● Ein Verbrecher weint niemals.	weinen, beweinen ● Warum weint ihr? ● Der Verbrecher erschreckt die Mädchen. Die Mädchen weinen jetzt. ● Sceleratus numquam flet.
placēre, placeō ● Tabula puellae placet. ● Silvae puellae non placent. ● Das Schwert gefällt dem Freund nicht.	gefallen ● Die Schreibtafel / Das Gemälde gefällt dem Mädchen. ● Die Wälder gefallen dem Mädchen nicht. ● Gladius amico non placet.
cui? ● quis? – quid? – cui? – cur? ● Cui equi non placent? ● Wem gibst du die Tafel?	wem? ● wer? – was? – wem? – warum? ● Wem gefallen (die) Pferde nicht? ● Cui tabulam praebes?
statim *Adv.* ● saepe – subito – statim ● Subito sonus puellam terret. Statim puella flet. ● Die Freunde antworten sofort.	sofort ● oft – plötzlich – sofort ● Plötzlich erschreckt ein Geräusch das Mädchen. Sofort weint das Mädchen. ● Amici statim respondent.
etiam (MH: et + iam) ● et – iam – non iam – etiam ● Puellae flent. Etiam serva flet. ● Auch der Großvater ist verborgen.	auch, sogar ● und, auch – schon, bereits; nun – nicht mehr – auch, sogar ● Die Mädchen weinen. Auch die Sklavin weint. ● Etiam avus latet.
iterum *Adv.* (MH: It<u>erum</u> heißt wied<u>erum</u>.) ● Iterum rideo. ● Avus monet. Sed servus non paret. Avus iterum monet. ● Die Mädchen fürchten sich wieder(um).	wiederum, zum zweiten Mal ● Ich lache wieder(um). ● Der Großvater mahnt. Aber der Sklave gehorcht nicht. Der Großvater mahnt wieder(um). ● Puellae iterum timent.
itaque ● iterum – itaque ● Puellae gaudent. Itaque rident. ● Die Freunde fürchten sich. Deshalb weinen sie.	deshalb ● wiederum, zum zweiten Mal – deshalb ● Die Mädchen freuen sich. Deshalb lachen sie. ● Amici timent. Itaque flent.
tantum *Adv. (nachgestellt)* ● Sceleratus tantum ridet. ● Lingua tantum Syrum terret. ● Nur der Freund schweigt.	nur ● Nur der Verbrecher lacht. ● Nur die Sprache erschreckt den Syrus. ● Amicus tantum tacet.

6

Repetitio est mater studiorum. Die Wiederholung ist die Mutter aller Studien. Du musst ein Wort rund zwanzigmal wiederholen, bis du es sicher beherrschst.

cibus ● Servus equis cibum praebet. ● Praebe equis cibum, serve! ● Wem geben die Sklaven Futter?	die Nahrung, die Speise, das Futter ● Der Sklave gibt den Pferden Futter. ● Gib den Pferden Futter, Sklave! ● Cui servi cibum praebent?
habēre, habeō (MH: e. *to have*) ● Quis cibum habet? ● Equi cibum non iam habent. ● Der Herr hat Sklavinnen.	haben, halten ● Wer hat Nahrung / Futter? ● Die Pferde haben kein Futter mehr. ● Dominus servas habet.
complēre, compleō (MH: komplett) ● comples – complemus – comple! ● Statim cibos complete, servae! ● Das Pferd hat kein Futter. Der Sklave füllt das Futter auf.	anfüllen, auffüllen ● du füllst auf – wir füllen auf – fülle auf! ● Füllt sofort die Speisen auf, Sklavinnen! ● Equus cibum non habet. Servus cibum complet.
cōpia (MH: eine Menge Kopien) ● copiam habere ● Copias complete, amici! ● Wem gebt ihr den Vorrat?	die Menge, der Vorrat ● einen Vorrat / eine Menge haben ● Füllt die Vorräte auf, Freunde! ● Cui copiam praebetis?
aqua (MH: Aquarium) ● Aquam non habemus. ● Cui aquam praebere debeo, ave? ● Gib den Pferden Wasser und Futter, Sklave!	das Wasser ● Wir haben kein Wasser. ● Wem soll ich Wasser geben, Großvater? ● Praebe equis aquam et cibum, serve!
ventus (MH: Ventilator) **dēlēre, dēleō** (MH: Delete-Taste = Löschtaste) ● Ventus villam delet. ● Venti non tantum villas, sed etiam silvam delent. ● Die Verbrecher vernichten die Häuser.	der Wind zerstören, vernichten ● Der Wind zerstört das Haus. ● Die Winde zerstören nicht nur die Häuser, sondern auch den Wald. ● Scelerati villas delent.
adhūc *Adv.* ● Equus puellis adhuc placet. ● Equi adhuc cibum et aquam habent. ● Noch schweigt der Herr.	bis jetzt, noch ● Das Pferd gefällt den Mädchen noch. ● Die Pferde haben noch Futter und Wasser. ● Dominus adhuc tacet.

populus (MH: populär, Pop-Musik, e. *people*)	das Volk
● Populus ventos timet.	● Das Volk fürchtet die Winde.
● Vicus populo placet.	● Das Dorf gefällt dem Volk.
● Die Verbrecher erschrecken das Volk.	● Scelerati populum terrent.
Aeolus	Äolus (*der Gott der Winde*)
deus	der Gott, die Gottheit
● Aeolus deus est.	● Äolus ist ein Gott.
● Itaque venti Aeolo deo parent.	● Deshalb gehorchen die Winde dem Gott Äolus.
● Das Volk fürchtet den Gott Äolus.	● Populus Aeolum deum timet.
profectō *Adv.*	sicherlich, tatsächlich
● Avus monet. Puellae profecto parent.	● Der Großvater mahnt. Die Mädchen gehorchen tatsächlich.
● Puellae amicis profecto placent.	● Die Mädchen gefallen den Freunden sicherlich.
● Sicherlich gibt das Mädchen dem Pferd Futter.	● Profecto puella equo cibum praebet.
grātia	der Dank
● gratiam habēre	● danken, dankbar sein
● Gratiam Aeolo deo habe, amice!	● Danke dem Gott Äolus, Freund!
● Seid dem Herrn dankbar, Freunde!	● Gratiam domino habete, amici!
semper *Adv.*	immer
● semper – statim – saepe	● immer – sofort – oft
● Puellae semper rident, numquam tacent.	● Die Mädchen lachen immer, niemals schweigen sie.
● Immer quälen die Verbrecher das Volk.	● Scelerati populum semper torquent.

7

Eselsbrücken, die du dir selbst suchst, und / oder kleine Zeichnungen können dir helfen, die Zahl der notwendigen Wiederholungen zu verkleinern. Probier es aus!

valēre, valeō	gesund sein, stark sein, Einfluss haben
valē! valēte!	leb wohl! lebt wohl!
● Dominus valet.	● Der Herr ist gesund / hat Einfluss.
● Vale, ave! Valete, servi!	● Leb wohl, Großvater! Lebt wohl, Sklaven!
● Der Gott Äolus hat sicherlich Einfluss.	● Aeolus deus profecto valet.

lacrima ● lacrima puellae ● Lacrimae puellae Syrum terrent. ● Dem Großvater gefallen die Tränen des Mädchens nicht.	die Träne ● die Träne des Mädchens ● Die Tränen des Mädchens erschrecken Syrus. ● Lacrimae puellae avo non placent.
vidēre, videō (MH: Video) ● Tabulam videmus. ● Puella flet. Lacrimas puellae video. ● Wer sieht das Schwert des Verbrechers?	sehen ● Wir sehen das Gemälde. ● Das Mädchen weint. Ich sehe die Tränen des Mädchens. ● Quis gladium scelerati videt?
movēre, moveō (MH: e. *to move* / Motor) ● Ventus silvam movet. ● Lacrimae servarum dominum movent. ● Das Pferd bewegt die / seine Augen.	bewegen, beeindrucken ● Der Wind bewegt den Wald. ● Die Tränen der Sklavinnen beeindrucken den Herrn. ● Equus oculos movet.
tandem *Adv.* ● Tandem servae domino parent. ● tum – tantum – tandem ● Endlich haben wir Nahrung (Essen).	endlich ● Endlich gehorchen die Sklavinnen dem Herrn. ● da, dann, darauf, damals – nur – endlich ● Tandem cibum habemus.
mox *Adv.* ● numquam – mox – statim ● Primo servi tacent. Sed mox respondent. ● Bald geben die Freunde den Mädchen die Tafeln.	bald ● niemals – bald – sofort ● Zuerst schweigen die Sklaven. Aber bald antworten sie. ● Mox amici puellis tabulas praebent.
turba (MH: Mit dem Turbo durch die *turba*.) ● turba servorum et servarum ● Avus turbam tantum timet. ● Die Geräusche der Menge quälen das Pferd.	die (Menschen-)Menge ● die Menge an / der Sklaven und Sklavinnen ● Der Großvater fürchtet nur die Menschenmenge. ● Soni turbae equum torquent.
patēre, pateō ● patere – parere – placere ● Mox via iterum patet. ● Warum stehen die Wege niemals offen, Herr?	offenstehen ● offenstehen – gehorchen – gefallen ● Bald steht der Weg wieder offen. ● Cur viae numquam patent, domine?
īnsula ● insulae Romae ● Insulas Romae videtis. ● Eine Menschenmenge füllt den Wohnblock an.	die Insel; der Wohnblock ● die Wohnblöcke Roms ● Ihr seht die Wohnblöcke Roms. ● Turba insulam complet.

amīca (MH: amicus) | die Freundin
- amica Corneliae | die / eine Freundin von Cornelia
- Valete, amicae! | Lebt wohl, Freundinnen!
- Die Mädchen danken der Freundin. | Puellae amicae gratiam habent.

laetitia | die Freude
- laetitia amicarum | die Freude der Freundinnen
- Laetitia puellarum avum movet. | Die Freude der Mädchen bewegt den Großvater.
- Endlich sieht der Herr die Freude der Freunde. | Tandem dominus laetitiam amicorum videt.

8

Lateinische Vokabeln ähneln einander häufig und unterscheiden sich manchmal nur durch ein oder zwei Buchstaben (vgl. parere, parare, properare ...). Deshalb ist hier der „Dreiklang" von (genau hin-)sehen, sprechen und schreiben besonders wichtig. Präge dir also das Schriftbild genau ein, sprich dir die Vokabeln laut vor und schreibe sie (z. B. auf Karteikarten oder ins Vokabelheft). Schon die Römer wussten: Semel scriptum decies dictum – Einmal schreiben ist so viel wert wie zehnmal sagen.

domina (MH: dominus) | die Herrin, die Dame
- Domina servae gratiam tandem habet. | Die Herrin dankt der Sklavin endlich.
- Servae dominae gratiam habent. | Die Sklavinnen danken der Herrin.
- „Lebt wohl, Herrinnen!" | „Valete, dominae!"

rogāre, rogō | fragen, bitten
- Konjugiere rogare. | rogo, rogas, rogat, rogamus, rogatis, rogant
- Domina dominum rogat, sed dominus non respondet. | Die Herrin fragt den Herrn, aber der Herr antwortet nicht.
- Die Herrin bittet die Mädchen: „Studiert endlich!" | Domina puellas rogat: „Tandem studete!"

amāre, amō (MH: i. *amore*, Ama-teur) | lieben
- Amicus amicam amat. | Der Freund liebt die Freundin.
- Servus servam terrere amat. | Der Sklave liebt es, die Sklavin zu erschrecken.
- „Warum liebt ihr die Wälder nicht?" | „Cur silvas non amatis?"

parāre, parō (MH: etwas <u>parat</u> haben) | (vor)bereiten, vorhaben (*m. Inf.*); erwerben
- Serva cibos parat. | Die Sklavin bereitet die Speisen vor.
- Amicus servos docere parat. | Der Freund hat vor, die Sklaven zu unterrichten.
- Der Großvater erwirbt ein Pferd. | Avus equum parat.

labōrāre, labōrō (MH: im Labor arbeiten)	arbeiten, sich anstrengen
● „Laborate, servi!“	● „Arbeitet, Sklaven!“
● Domina rogat: „Cur non laboratis, servae?“	● Die Herrin fragt: „Warum arbeitet ihr nicht, Sklavinnen?“
● „Streng dich an, Freund!“	● „Labora, amice!“
vocāre, vocō (MH: Vokativ)	nennen, benennen, rufen
● Dominus servos vocat.	● Der Herr ruft die Sklaven.
● Puellae servam vocant: „Para cibos, serva!“	● Die Mädchen rufen die Sklavin: „Bereite die Speisen vor, Sklavin!“
● „Ruft den Herrn, Sklavinnen!“	● „Vocate dominum, servae!“
properāre, properō	eilen, sich beeilen
● „Propera, Iulia! Properate, filiae!“	● „Beeil dich, Julia! Beeilt euch, Töchter!“
● Serva cibos parare properat.	● Die Sklavin beeilt sich, die Speisen zu bereiten.
● „Warum beeilt ihr euch nicht, Freundinnen?“	● „Cur non properatis, amicae?“
cēna	die Mahlzeit, das Essen
● Serva cenam parat.	● Die Sklavin bereitet das Essen vor.
● Servae cibos et cenam avo parant.	● Die Sklavinnen bereiten dem (für den) Großvater die Speisen und das Essen vor.
● „Wem / Für wen bereitest du das Essen vor, Freund?“	● „Cui cenam paras, amice?“
fīlia (MH: Filiale als „Tochterunternehmen“)	die Tochter
● Iulia filia dominae est.	● Julia ist die Tochter der Herrin.
● Dominus filias amat.	● Der Herr liebt die / seine Töchter.
● „Bereite das Essen vor, Tochter!“	● „Para cenam, filia!“
intrāre, intrō	betreten, eintreten
● Filiae insulam intrant.	● Die Töchter betreten den Wohnblock.
● Villa patet. Intrate, amicae!	● Das Haus steht offen. Tretet ein, Freundinnen!
● „Ihr sollt eintreten, Freunde.“	● „Intrare debetis, amici.“
mēnsa (MH: Schul-Mensa)	der (Ess-)Tisch
● Servus mensam parat.	● Der Sklave bereitet den Tisch (vor).
● Videte mensam, amici! Cibi ibi sunt.	● Seht den Tisch, Freunde! Dort sind die Speisen.
● „Bereitet den Tisch, Mädchen!“	● „Parate mensam, puellae!“
ōrnāre, ōrnō (MH: das Orna-ment)	ausstatten, schmücken
● Serva mensam ornat.	● Die Sklavin schmückt (deckt) den Tisch.
● Servi villam ornare debent.	● Die Sklaven müssen das Haus schmücken.
● „Wir schmücken schon die Tische, Herrin.“	● „Iam mensas ornamus, domina.“
sīc *Adv.*	so
● Sic est.	● So ist es.
● Sic recte respondes.	● So antwortest du richtig.
● „So musst du arbeiten.“	● „Sic laborare debes.“

dēlectāre, dēlectō	erfreuen, unterhalten
● Filia dominam saepe delectat.	● Die Tochter erfreut die Herrin oft.
● „Parate cenam, servi! Sic avum delectatis."	● „Bereitet das Essen, Sklaven! So erfreut ihr den Großvater."
● Die Sklaven bemühen sich, den Herrn zu erfreuen.	● Servi dominum delectare student.

9

Manchmal hilft es, Wörter, die du nicht behalten kannst, auf einem eigenen Blatt groß aufzuschreiben (z. B. mit der Überschrift „Die schrecklichen Zehn"), das Blatt an die Wand zu pinnen und immer wieder einen Blick darauf zu werfen.

familia	die Familie (Zu ihr gehörten in Rom z. B. auch die Sklaven.)
● Familia insulam intrat.	● Die Familie betritt den Wohnblock.
● Cornelia familiae cibos praebet.	● Cornelia gibt der Familie Speisen.
● Wer unterhält jetzt die Familie?	● Quis familiam nunc delectat?
bene *Adv.*	gut
● Servi bene laborant.	● Die Sklaven arbeiten gut.
● Iulia Gaio amico bene placet.	● Julia gefällt dem Freund Gaius gut.
● Der Großvater unterrichtet die Sklaven gut.	● Avus servos bene docet.
cēnāre, cēnō (MH: cena)	essen
● Familia bene cenat.	● Die Familie isst / speist gut.
● Was alles kann die Form cena bedeuten?	● Nominativ / Ablativ / (Vokativ) Singular von cena; Imperativ Singular von cenare
● „Esst, Jungen und Mädchen!"	● „Cenate, pueri et puellae!"
spectāre, spectō (MH: Spektakel)	betrachten, anschauen, hinsehen
● Avus villam spectat.	● Der Großvater schaut (sich) das Landhaus an.
● Amici insulas Romae nunc spectant.	● Die Freunde betrachten jetzt die Wohnblöcke Roms.
● „Betrachte den Sklaven, Herr!"	● „Specta servum, domine!"
unde?	woher?
● „Unde estis, servi?"	● „Woher seid / kommt ihr, Sklaven?"
● Puella servam rogat: „Unde intras, Homilia?"	● Das Mädchen fragt die Sklavin: „Woher / Von wo trittst du ein, Homilia?"
● Woher sind die Oliven (olivae)?	● Unde olivae sunt?

diū *Adv.* ● Familia diu cenat. ● Tum servi diu laborare debent. ● Lange füllt der Sklave die Vorräte auf.	lange (Zeit) ● Die Familie speist / isst lange (Zeit). ● Dann müssen die Sklaven lange (Zeit) arbeiten. ● Diu servus copias complet.
dubitāre, dubitō ● Numquam dubito. ● Servus parere numquam dubitat. ● Wir zögern nicht zu gehorchen.	zweifeln; zögern *(m. Inf.)* ● Ich zweifle niemals (zögere nie). ● Der Sklave zögert niemals zu gehorchen. ● Parere non dubitamus.
Rōmānus **pūgna** ● Pugnae Romanos delectant. ● Romani pugnas bene parant. ● „Warum liebst du Kämpfe, Freund?"	der Römer, der Einwohner Roms der Kampf ● Die Kämpfe erfreuen / unterhalten die Römer. ● Die Römer bereiten die / ihre Kämpfe gut vor. ● „Cur pugnas amas, amice?"
pūgnāre, pūgnō (MH: pugna) ● „Cur pugnatis, amici?" ● Romani gladiis pugnant. ● Die Römer kämpfen ihre (= die) Kämpfe gut.	kämpfen ● „Warum kämpft ihr, Freunde?" ● Die Römer kämpfen mit Schwertern. ● Romani pugnas bene pugnant.
superāre, superō ● Servi sceleratum superant. ● Amicus amicum pugna superat. ● „Besiegt die Römer!"	besiegen, überwinden, übertreffen ● Die Sklaven besiegen den Verbrecher. ● Der Freund besiegt den Freund im Kampf. ● „Superate Romanos!"
patria ● Syria est patria Syri servi. ● Quis patriam non amat? ● Ich liebe meine° Heimat.	die Heimat ● Syrien ist die Heimat des Sklaven Syrus. ● Wer liebt die Heimat nicht? ● Patriam amo.
prōvincia (MH: Provence) ● Syria provincia Romanorum est. ● Romani provincias tenent. ● das Volk der Provinz Syrien	die Provinz ● Syrien ist eine Provinz der Römer. ● Die Römer besitzen Provinzen. ● populus Syriae provinciae
dolus ● Quis dolos amat? ● Populus Asiae provinciae dolum Romanorum timet. ● Ich erschrecke den Freund durch eine List.	die List, die Täuschung ● Wer liebt Listen / Täuschungen? ● Das Volk der Provinz Asien fürchtet eine List der Römer. ● Amicum dolo terreo.

iniūria	das Unrecht, die Beleidigung
• delere – dolus – iniuria – lacrima	• zerstören, vernichten – List, Täuschung – Unrecht, Beleidigung – Träne
• Populus provinciae dolos et iniurias timet.	• Das Volk der Provinz fürchtet Listen und Beleidigungen.
• Du erschreckst den Freund durch Unrecht.	• Amicum iniuriā terres.
captīvus	der Kriegsgefangene
• Captivi Romanos timent.	• Die Kriegsgefangenen fürchten die Römer.
• Romani captivos iniuriis torquent.	• Die Römer quälen die Kriegsgefangenen durch Beleidigungen.
• Syrus ist zuerst Kriegsgefangener, dann Sklave.	• Syrus primo captivus, tum servus est.
fīlius (MH: filia)	der Sohn
• filii et filiae	• Söhne und Töchter
• Dominus et domina filios et filias amant.	• Der Herr und die Herrin lieben ihre Söhne und Töchter.
• Der Herr ist der Sohn des Großvaters.	• Dominus filius avi est.

10

Meist achten wir beim Lesen nicht unbedingt auf jeden einzelnen Buchstaben, sondern nehmen vor allem Silben wahr. Aber nicht nur im Lateinischen kommt es auf jeden einzelnen Buchstaben an. Denn schnell wird aus „sauber" ein „Saubär". Ebenso ist es mit parare, parere, patere usw. Ein missachteter Buchstabe führt zu Fehlern. Achte deshalb beim Vokabellernen auf eine deutliche Aussprache und ganz korrektes Abschreiben!

exspectāre, exspectō (MH: Harry Potters Zauberspruch „Exspecto patronum!")	warten (auf), erwarten
• Captivi diu exspectant.	• Die Kriegsgefangenen warten lange.
• Amici non spectant, sed exspectant.	• Die Freunde schauen nicht, sondern warten.
• Die Herrin wartet auf den Herrn.	• Domina dominum exspectat.
venīre, veniō	kommen
• Hic amicus venit.	• Hier kommt der Freund.
• „Properate et venite, amicae!"	• „Beeilt euch und kommt, Freundinnen!"
• „Warum kommst du nicht, Großvater?"	• „Cur non venis, ave?"

audīre, audiō (MH: Die Automarke Audi hieß früher Horch.)	hören
● Sonum audio.	● Ich höre ein / das Geräusch.
● Avus non iam bene audit.	● Der Großvater hört nicht mehr gut.
● Ich sehe und höre die Pferde.	● Equos video et audio.
nihil	nichts
● Nihil audio.	● Ich höre nichts.
● Nihil vident, nihil audiunt.	● Sie sehen nichts, sie hören nichts.
● Der Großvater hört nichts.	● Avus nihil audit.
lūdus	das Spiel; die Schule
● Puellae ludum amant.	● Die Mädchen lieben die Schule / das Spiel.
● Puellae ludum intrant.	● Die Mädchen betreten die Schule.
● „Warum liebst du die Schule nicht, Mädchen?"	● „Cur ludum non amas, puella?"
scīre, sciō	wissen, kennen, verstehen
● Nihil scio.	● Ich weiß nichts.
● Scelerati dolos sciunt.	● Die Verbrecher kennen (die) Listen / Täuschungen.
● Wer versteht die (lateinische) Sprache?	● Quis linguam (Latinam) scit?
dēsīderāre, dēsīderō	sich sehnen nach, vermissen
● Syrus patriam desiderat.	● Syrus sehnt sich nach der Heimat.
● „Quid desideras?"	● „Was vermisst du? / Wonach sehnst du dich?"
● „Ich sehne mich nach dem Essen."	● „Cenam desidero."
ubī?	wo?
● ubi? – hic – ibi – unde?	● wo? – hier – dort – woher?
● Ubi filii laborant?	● Wo arbeiten die Söhne?
● Wo betreten die Söhne die Schule?	● Ubi filii ludum intrant?
nescīre, nesciō (MH: nescire ~ non scire)	nicht wissen, nicht kennen, nicht verstehen
● „Quid nescis?"	● „Was weißt du nicht?"
● Patriam nescio.	● Ich kenne die Heimat nicht.
● Sie verstehen die (lateinische) Sprache nicht.	● Linguam (Latinam) nesciunt.
habitāre, habitō (Nicht verwechseln mit habere!)	wohnen, bewohnen
● „Ubi habitatis, domini?"	● „Wo wohnt ihr, Herren?"
● Ibi Sicilia est. Ibi Vulcanus deus habitat.	● Dort ist Sizilien. Dort wohnt der Gott Vulkan.
● Wir wohnen hier, nicht dort.	● Hic habitamus, non ibi.

11

Schwierige Vokabeln solltest du auf eine ganz besondere Weise schreiben, z. B. ganz klein oder **ganz groß** oder in deinem geheimen (*+#!) Code oder in Spiegelschrift (legeipS) oder …

discipulus	der Schüler
• „Valete, discipuli!“	• „Lebt wohl, Schüler!“
• Discipuli nunc tacent et student.	• Die Schüler schweigen jetzt und studieren.
• „Gib dem Schüler die Schreibtafel!“	• „Praebe discipulo tabulam!“
libenter *Adv.*	gerne
• Discipuli libenter student.	• Die Schüler studieren gerne.
• Servi dominae non libenter parent.	• Die Sklaven gehorchen der Herrin nicht gerne.
• Gerne höre ich die Geräusche des Windes.	• Sonos venti libenter audio.
ingenium (MH: Ingenieur / Genie)	die Begabung, das Talent, der Verstand
• Eudoxus ingenium discipuli scit.	• Eudoxus kennt die Begabung des Schülers.
• Ingenium Eudoxi discipulis placet.	• Das Talent / Der Verstand des Eudoxus gefällt den Schülern.
• Ich übertreffe den Freund durch / an Verstand.	• Amicum ingenio supero.
cōnsilium	die Beratung, der Beschluss, der Plan, der Rat
• Consilium Eudoxi discipulis placet.	• Der Plan des Eudoxus gefällt den Schülern.
• Quis discipulis consilium praebet?	• Wer gibt den Schülern (einen) Rat?
• Das Volk erwartet die Beschlüsse der Herren.	• Populus consilia dominorum exspectat.
forum	das Forum, der Marktplatz
• Discipuli forum intrant.	• Die Schüler betreten das Forum.
• Discipuli vias fori nesciunt.	• Die Schüler kennen die Wege des Forums nicht.
• Ich kenne die Marktplätze Roms.	• Fora Romae scio.
aedificium	das Gebäude
• Aedificia libenter specto.	• Ich betrachte gerne (die) Gebäude.
• Villae et insulae aedificia sunt.	• Häuser und Wohnblöcke sind Gebäude.
• Wer kennt die Gebäude des Forums?	• Quis aedificia fori scit?
templum	der Tempel
• Ibi templa videmus.	• Dort sehen wir (die) Tempel.
• Cur templa deorum non spectamus?	• Warum betrachten wir nicht die Tempel der Götter?
• Wo ist der Tempel des Gottes Vulkan?	• Ubi templum Vulcani dei est?

dea (MH: deus) ● templa deorum et dearum ● Quis est deus ventorum? ● „Dankt der Göttin, Mädchen!"	die Göttin ● die Tempel der Götter und Göttinnen ● Wer ist der Gott der Winde? ● „Deae gratiam habete, puellae!“
aedificāre, aedificō (MH: aedificium) ● Romani saepe templa aedificant. ● „Aedifica aedificia!“ ● „Ihr baut der Göttin einen Tempel, Römer."	bauen ● Die Römer bauen oft Tempel. ● „Baue Gebäude!" ● „Deae templum aedificatis, Romani.“
porta (MH: Pforte, Portal) ● Porta nunc patet. ● Portae templorum deorum patent. ● „Seht die Tore des Tempels! Sie stehen offen."	das Tor ● Das Tor steht nun offen. ● Die Tore der Göttertempel stehen offen. ● „Videte portas templi! (Portae) patent.“
beneficium (MH: bene) ● Beneficium desidero. ● Quis beneficia deae nescit? ● Dem Volk gefallen die Wohltaten.	die Wohltat ● Ich sehne mich nach einer Wohltat. ● Wer kennt die Wohltaten der Göttin nicht? ● Populo beneficia placent.
frūmentum ● Frumentum non habeo. ● Saturnus deus populo frumentum praebet. ● Getreide liebe ich nicht.	das Getreide ● Getreide habe ich nicht. ● Der Gott Saturn gibt dem Volk Getreide. ● Frumentum non amo.
dōnum ● dona deorum ● Dona avi amamus. ● Die Freunde geben Geschenke.	das Geschenk ● Geschenke der Götter ● Die Geschenke des Großvaters lieben wir. ● Amici dona praebent.
verbum (MH: Verb, verbal) ● Verba Eudoxi non audio. ● Verba discipuli Eudoxo non placent. ● „Hört die Worte, Schüler!"	das Wort, die Äußerung ● Die Worte des Eudoxus höre ich nicht. ● Die Worte des Schülers gefallen Eudoxus nicht. ● „Audite verba, discipuli!“

12

Gerade die sogenannten „kleinen Wörter" ergeben oft große Schwierigkeiten, weil sie so leicht verwechselt werden können: cum – tum / sic – sine / iam – nam ... Sie müssen ganz sorgfältig geschrieben, gelernt und wiederholt werden.

basilica ● Populus basilicam intrat. ● Quis basilicas fori videt? ● die Mauern der Basilika	die Markthalle, die Gerichtshalle ● Das Volk betritt die Markthalle. ● Wer sieht die Markthallen des Forums? ● muri basilicae
Nenne die lateinischen Präpositionen, die (nur) mit Akkusativ stehen. – ad (ad basilicam esse / properare) – ante (ante villam / cenam) – post (post villam / cenam)	ad / ante / post – zu, bei, nach, an (bei der Markthalle sein, zur Markthalle eilen) – vor (vor dem Landhaus / dem Essen) – hinter, nach (hinter dem Landhaus / nach dem Essen)
Nenne die lateinischen Präpositionen, die (nur) mit Ablativ stehen. – cum (cum amico) – sine (sine amico) – ē / ex (e patria / ex Africa)	cum / sine / e/ex – (zusammen) mit (mit dem Freund) – ohne (ohne den Freund) – aus, von ... her (aus der Heimat / aus Afrika)
Was ist bei der Präposition in zu beachten? – m. Akk.: in aquam – m. Abl.: in aqua	Steht in mit Akkusativ, dann antwortet es auf die Frage „wohin?". Steht es mit Ablativ, antwortet es auf die Frage „wo?". – in (... hinein), nach (*wohin?*): ins Wasser – in, an, auf, bei (*wo?*): im Wasser
umbra (e. *umbrella*) ● Discipuli in umbram properant. ● Discipuli in umbra basilicae manent. ● im Schatten sitzen	der Schatten ● Die Schüler eilen in den Schatten. ● Die Schüler warten im Schatten der Markthalle. ● in umbra sedere
ōrnāmentum (MH: Ornament / ornare) ● Ornamenta puellis placent. ● Amicae ornamenta desiderant. ● Die Freundin betrachtet in der Markthalle Schmuckstücke.	der Schmuck, das Schmuckstück ● (Die) Schmuckstücke gefallen den Mädchen. ● Die Freundinnen sehnen sich nach den Schmuckstücken. ● Amica in basilica ornamenta spectat.

quīnque *indekl.* (MH: i. *cinque* / das Quintett) **septem** *indekl.* (MH: September) ● Dominus non quinque, sed septem ornamenta parat.	fünf (V) sieben (VII) ● Der Herr erwirbt nicht fünf, sondern sieben Schmuckstücke.
probāre, probō (MH: probieren / die Probe) ● Discipulus ingenium probat. ● Avus consilium amici probat. ● Der Herr befindet die Worte des Freundes für gut.	prüfen, beweisen, für gut befinden ● Der Schüler beweist sein Talent. ● Der Großvater prüft den Rat des Freundes. ● Dominus verba amici probat.
pretium (MH: e. *price*) **indicāre, indicō** (MH: Indikator, Indikativ) ● Servus pretium ornamenti indicat. ● Quis verba domini indicat? ● Der Herr kennt die Preise der Sklaven nicht.	der Preis, der Wert anzeigen, melden ● Der Sklave zeigt den Preis des Schmuckstücks an. ● Wer meldet die Worte des Herrn? ● Dominus pretia servorum nescit.
manēre, maneō (MH: permanent) ● „Cur non manetis?" ● Discipuli ad basilicam manent. ● „Bleibe vor dem Tempel, Schüler!"	bleiben, (er)warten ● „Warum bleibt / wartet ihr nicht?" ● Die Schüler warten / bleiben bei der Markthalle. ● „Mane ante templum, discipule!"

13

Wie wichtig jeder einzelne Buchstabe ist, wird gerade bei nos und vos deutlich. Oft wird nos „wir / uns" mit vos „ihr / euch" verwechselt. Außerdem muss beachtet werden, dass nos und vos nicht nur den Nominativ, also „wir" und „ihr", bezeichnen, sondern auch Akkusativ sein können, also „uns" bzw. „euch".

ego ● Ego Corneliam amo.	ich *(betont)* ● Ich liebe Cornelia.
mihi ● Cornelia mihi (non Gaio) placet.	mir ● Cornelia gefällt mir (nicht dem Gaius).
mē ● Cornelia me (non Gaium) amat.	mich ● Cornelia liebt mich (nicht den Gaius).
mēcum ● Cornelia mecum (non cum Gaio) ornamenta spectat.	mit mir ● Cornelia betrachtet mit mir (nicht mit Gaius) Schmuckstücke.
sine mē ● Cornelia sine me non libenter cenat.	ohne mich ● Cornelia isst nicht gerne ohne mich.

tū	du *(betont)*
● Tu Iuliam amas.	● Du liebst Julia.
tibi	dir
● Iulia tibi (non Gaio) placet.	● Julia gefällt dir (nicht dem Gaius).
tē	dich
● Iulia te (non Gaium) amat.	● Julia liebt dich (nicht den Gaius).
tēcum	mit dir
● Iulia tecum (non cum Gaio) ornamenta spectat.	● Julia betrachtet mit dir (nicht mit Gaius) Schmuckstücke.
sine tē	ohne dich
● Iulia sine te non libenter cenat.	● Julia isst nicht gerne ohne dich.
nōs *(Nom.)*	wir *(betont)*
● Nos puellis placemus.	● Wir gefallen den Mädchen.
nōbīs	uns
● Puellae nobis dona praebent.	● Die Mädchen geben uns Geschenke.
nōs *(Akk.)*	uns
● Puellae nos amant.	● Die Mädchen lieben uns.
nōbīscum	mit uns
● Puellae nobiscum basilicam intrant.	● Die Mädchen betreten mit uns die Markthalle.
sine nōbīs	ohne uns
● Puellae sine nobis non libenter ornamenta spectant.	● Die Mädchen betrachten ohne uns die Schmuckstücke nicht gerne.
vōs *(Nom.)*	ihr *(betont)*
● Vos nobis placetis.	● Ihr gefallt uns.
vōbīs	euch
● Vobis dona praebemus.	● Euch geben wir Geschenke.
vōs *(Akk.)*	euch
● Nos vos amamus.	● Wir lieben euch.
vōbīscum	mit euch
● Vobiscum basilicam intramus.	● Mit euch betreten wir die Markthalle.
sine vōbīs	ohne euch
● Sine vobis non libenter ornamenta spectamus.	● Ohne euch schauen wir die Schmuckstücke nicht gerne an.
-ne	*Partikel im dir. Fragesatz (unübersetzt)*
● „Videsne aedificium?“	● „Siehst du das Gebäude?“
● „Venitisne nobiscum?“	● „Kommt ihr mit uns?“
● „Liebst du Schmuck?“	● „Amasne ornamenta?“
clāmāre, clāmō	laut rufen, schreien
● Discipuli subito clamant.	● Die Schüler schreien plötzlich.
● Clamatisne libenter, discipuli?	● Schreit ihr gerne, Schüler?
● Ihr sollt nicht schreien.	● Clamare non debetis.

errāre, errō (MH: e. *error*)	umherirren, (sich) irren
• Saepe erratis.	• Ihr irrt oft.
• Profecto erras. Recte non respondes.	• Tatsächlich irrst du (dich). Du antwortest nicht richtig.
• Die Mädchen irren auf dem Marktplatz umher.	• Puellae in foro errant.
invenīre, inveniō	finden, erfinden
• Avus vos non invenit.	• Der Großvater findet euch nicht.
• „Nos invenite, amici!“	• „Findet uns, Freunde!“
• Die Sklaven finden auf den Feldern Getreide.	• Servi in campis frumentum inveniunt.

14

Viele Wörter lassen sich als (Gegensatz-)Paare leichter merken:
magnus ↔ parvus – meus ↔ tuus – laudare ↔ monere – sic ↔ ut ...

sex *indekl.* (MH: e. *six* / das Sextett)	sechs (VI)
octō *indekl.* (MH: Oktober)	acht (VIII)
decem *indekl.* (MH: Dezember)	zehn (X)
• Ludum Eudoxi non sex, non octo, sed decem discipuli intrant.	• Die Schule des Eudoxus betreten nicht sechs, nicht acht, sondern zehn Schüler.
imperium (MH: e. *empire*)	der Befehl, die Herrschaft, das Reich
• imperium domini	• ein / der Befehl des Herrn
• Quis imperium Romanorum timet?	• Wer fürchtet die Herrschaft der Römer?
• Augustus vergrößert das Reich.	• Augustus imperium auget.
novus, a, um (MH: re-nov-ieren)	neu, ungewöhnlich
• discipuli novi	• (die) neue(n) Schüler
• Discipulus novus imperium Eudoxi audit.	• Der neue Schüler hört den Befehl des Eudoxus.
• Ich liebe die neue Freundin.	• Amicam novam amo.
-que *(angehängt)*	und
• servi servaeque	• Sklaven und Sklavinnen
• Deos deasque timeo.	• Ich fürchte die Götter und die Göttinnen.
• Ich kenne die neuen Sklaven und Sklavinnen nicht.	• (Novos) Servos servasque novas nescio.
multus, a, um (MH: multiplizieren)	viel
multī, ae, a (MH: Multivitaminsaft)	viele
• multa ornamenta	• viele Schmuckstücke / viel Schmuck
• Multis amicis gratiam habeo.	• Ich danke vielen Freunden / Freundinnen.
• Ihr wisst viel.	• Multum scitis.

cūnctī, ae, a ● non multi dei, sed cuncti (dei) ● Scitisne cuncta verba linguae (Latinae)? ● Ich kenne alle Provinzen der Römer.	alle (zusammen) ● nicht viele Götter, sondern alle (Götter) ● Kennt ihr alle Wörter der (lateinischen) Sprache? ● Cunctas provincias Romanorum scio.
Rōmānus, a, um ● imperium Romanum ● Populus Romanus cunctis deis templa aedificat. ● viele römische Mädchen	römisch ● das römische Reich ● Das römische Volk baut allen Göttern Tempel. ● multae puellae Romanae
bonus, a, um (MH: „Bonbon") ● Cibi servae boni sunt. ● Multos amicos bonos habeo. ● Marcus ist ein tüchtiger Schüler.	gut, tüchtig ● Die Speisen der Sklavin sind gut. ● Ich habe viele gute Freunde. ● Marcus discipulus bonus est.
magnus, a, um ● multus ↔ magnus ● Romani magna aedificia aedificant. ● Mädchen lieben große Schmuckstücke.	groß, bedeutend ● viel ↔ groß ● Die Römer bauen große Gebäude. ● Puellae magna ornamenta amant.
ut ● et ↔ ut ↔ tu ↔ te ● Servi ut equi laborant. ● Wer ist wie Gott?	wie ● und, auch ↔ wie ↔ du ↔ dich ● Die Sklaven arbeiten wie Pferde. ● Quis ut deus (est)?
laudāre, laudō ● laudare ↔ monere ● Eudoxus discipulos bonos semper laudat. ● Lob(e)t den Herrn!	loben ● loben ↔ mahnen ● Eudoxus lobt die tüchtigen Schüler immer. ● Laudate dominum!
tuus, a, um ↔ meus, a, um ● non tuum (donum), sed meum donum ● Claudia tua et mea amica est. ● Dein Plan ist nicht mein Plan.	dein ↔ mein ● nicht dein (Geschenk), sondern mein Geschenk ● Claudia ist deine und meine Freundin. ● Consilium tuum non consilium meum (est).
narrāre, narrō **dē** *m. Abl.* ● de ludo narrare ● Eudoxus nunc de cunctis deis Romanis narrat. ● „Erzähle uns von dem Gott Vulkan, Eudoxus!"	erzählen von, von ... her, von ... weg, von ... herab; über ● vom Spiel / über das Spiel erzählen ● Eudoxus erzählt nun von allen römischen Göttern. ● „Narra nobis de Vulcano deo, Eudoxe!"
parvus, a, um ● parvus ↔ magnus ● Pretium ornamentorum parvum non est. ● „Ihr schreit wie kleine Mädchen."	klein, gering ● klein ↔ groß ● Der Preis der Schmuckstücke ist nicht gering. ● „Clamatis ut puellae parvae."

15

Manchmal hilft es, schwierige Wörter einfach immer wieder in geheimnisvoller, schreiender, flüsternder Weise vor sich her zu sagen. Achte dabei darauf, alle Lernformen aufzusagen.

vir, virī *m*	der Mann
● viri Romani	● römische Männer
● Avus de viris Romanis saepe narrat.	● Der Großvater erzählt oft von römischen Männern.
● tüchtige Männer (zu) loben	● viros bonos laudare
puer, puerī *m* (MH: puella ↔ puer)	der Junge, der Bub
● Pueri puellas torquent.	● Die Jungen quälen die Mädchen.
● Puellae pueros non timent.	● Die Mädchen fürchten die Jungen nicht.
● Die Mädchen schreien (zusammen) mit den Jungen.	● Puellae cum pueris clamant.
ager, agrī *m* (MH: Agrar-wirtschaft)	der Acker, das Feld, das Gebiet
● Servi in agro laborant.	● Die Sklaven arbeiten auf dem Acker / Feld.
● Captivi in agro Romano errant.	● Die Kriegsgefangenen irren auf dem römischen Gebiet umher.
● Der Großvater erwirbt einen neuen Acker.	● Avus agrum novum parat.
magister, magistrī *m* (MH: e. *master*)	der Lehrer, der Meister
● Magister discipulos docet.	● Der Lehrer unterrichtet die Schüler.
● Magistri discipulos torquere non debent.	● Die Lehrer sollen die Schüler nicht quälen.
● „Hört die Worte des Lehrers, Schüler!"	● „Audite verba magistri, discipuli!"
imperāre, imperō (MH: imperium)	befehlen, herrschen (über)
● populis imperare	● über (die) Völker herrschen
● Avus servis imperat: „Tacete et laborate!"	● Der Großvater befiehlt den Sklaven: „Schweigt und arbeitet!"
● Die römischen Männer herrschen gerne.	● Viri Romani libenter imperant.
niger, nigra, nigrum	schwarz, dunkel
● silvae nigrae	● dunkle Wälder
● Servi Africae saepe nigri sunt.	● Die Sklaven Afrikas sind oft schwarz.
● Die Mädchen fürchten den dunklen Wald.	● Puellae silvam nigram timent.
pulcher, pulchra, pulchrum	schön
● puellae pulchrae	● schöne Mädchen
● Dominus ornamenta pulchra parat.	● Der Herr erwirbt schöne Schmuckstücke.
● Die Mädchen betrachten gerne schöne Jungen.	● Puellae pueros pulchros libenter spectant.

līber, lībera, līberum	frei
Non servi, sed viri liberi sumus.	Nicht Sklaven, sondern freie Männer sind wir.
Vir Romanus filios liberos habet.	Ein römischer Mann hat freie Söhne.
Sklavinnen sind niemals frei.	Servae numquam liberae sunt.
miser, misera, miserum (MH: Misere / miser-abel)	arm, erbärmlich, unglücklich
Mei servi miseri non sunt.	Meine Sklaven sind nicht unglücklich.
Magister de viro misero narrat.	Der Lehrer erzählt von einem armen Mann.
„Ihr seid nicht arm, Jungen."	„Miseri non estis, pueri."
vīta (MH: vital / i. *vita*)	das Leben
vita misera	ein erbärmliches Leben
Vita cunctorum servorum profecto misera est.	Das Leben aller Sklaven ist sicherlich armselig.
Wer liebt ein unglückliches Leben?	Quis vitam miseram amat?
noster, nostra, nostrum ↔ vester, vestra, vestrum	unser ↔ euer
non vestrum (donum), sed nostrum donum	nicht euer (Geschenk), sondern unser Geschenk
Claudia nostra et vestra amica est.	Claudia ist unsere und eure Freundin.
Euer Plan ist nicht unser Plan.	Consilium vestrum non consilium nostrum (est).

16

Achte beim Lernen der Verben genau auf die Aussprache! Ist bei Verben im Infinitiv das vorletzte -e- kurz und unbetont (z. B. dic-ĕ-re), dann gehört das Verb zur konsonantischen Konjugation. Ist das -e- aber lang und betont (z. B. monē-re), dann gehört das Verb zur e-Konjugation.

duo, duae, duo (MH: Duett, Duell)	zwei (II)
Duo equi in campo sunt.	Zwei Pferde befinden sich auf dem Feld.
Avus duos equos parat.	Der Großvater erwirbt zwei Pferde.
Herr zweier Sklaven und zweier Sklavinnen	dominus duorum servorum et duarum servarum
carrus (MH: e. *car*)	der Wagen, der Karren
carri novi	neue Wagen
Duo equi ante carrum manent.	Zwei Pferde warten vor dem Wagen.
Siehst du den großen Wagen?	Videsne magnum carrum?

stāre, stō (MH: e. *to stand*) ● Ibi carrus stat. ● Equi ante carros stant. ● „Warum steht ihr dort, Jungen?"	stehen ● Dort steht ein / der Wagen. ● Die Pferde stehen vor den Wagen. ● „Cur ibi statis, pueri?"
dīcere, dīcō (MH: dik-tieren) ● Magister nihil dicit. ● Discipuli dicunt de imperio Romano. ● „Warum sagt ihr nichts, Schüler?"	sagen, sprechen ● Der Lehrer sagt nichts. ● Die Schüler sprechen über das römische Reich. ● „Cur nihil dicitis, discipuli?"
nūntius ● Nuntius ad villam properat. ● Avus nuntium audit. ● Ich kenne den Boten nicht.	der Bote, die Nachricht ● Der Bote eilt zum Haus. ● Der Großvater hört den Boten / die Nachricht. ● Nuntium nescio.
mittere, mittō (MH: Mission) ● Dominus nuntium mittit. ● Avus nuntium non tenet, sed ad filiam mittit. ● ich mahne und schicke / sie mahnen und schicken	(los)lassen, schicken, werfen ● Der Herr schickt einen Boten. ● Der Großvater hält den Boten nicht fest, sondern schickt ihn zur Tochter. ● moneo et mitto / monent et mittunt
scrībere, scrībō (MH: Skript) ● Puer iam scribere scit. ● Discipuli de aedificiis fori scribunt. ● „Warum schreibst du mir nichts, Freund?"	schreiben, beschreiben ● Der Junge weiß schon zu schreiben / kann schon schreiben. ● Die Schüler schreiben über die Gebäude des Forums. ● „Cur nihil mihi scribis, amice?"
relinquere, relinquō (MH: Relikt / Reliquie) ● Bilde von venire et relinquere die 1. Pers. Sg. und die 3. Pers. Pl. ● Pueri vicum nunc relinquunt. ● „Verlasst das Gebäude, Jungen!"	verlassen, zurücklassen ● venio et relinquo / veniunt et relinquunt ● Die Jungen verlassen jetzt das Dorf. ● „Relinquite aedificium, pueri!"
dūcere, dūcō ● Ego dico, tu ducis. – Vos ducitis, nos dicimus. ● Parvi pueri magnos equos ducunt. ● Der Lehrer führt die Schüler zur Schule.	führen, ziehen ● Ich spreche, du führst. – Ihr führt, wir sprechen. ● Die kleinen Jungen führen die großen Pferde. ● Magister discipulos ad ludum ducit.
trahere, trahō (MH: Traktor / sub-trahieren) ● Equus carrum trahit. ● Nunc servi carros trahere debent. ● „Komm und zieh den Wagen, Sklave!"	schleppen, ziehen ● Das Pferd zieht den Wagen. ● Nun müssen die Sklaven die Wagen ziehen. ● „Veni et carrum trahe, serve!"

ostendere, ostendō	zeigen, erklären
● Viam vobis ostendo.	● Ich zeige euch den Weg.
● „Imperia domini vobis ostendimus, servi."	● „Wir erklären euch die Befehle des Herrn, Sklaven."
● „Zeigt mir die Gebäude des Forums!"	● „Ostendite mihi aedificia fori!"
oppidum	die Stadt (die Kleinstadt)
● murus – villa – vicus – oppidum	● Mauer – Haus – Dorf – Stadt
● Pueri cum servo oppidum relinquunt.	● Die Jungen verlassen mit dem Sklaven die Stadt.
● die Mauern und Gebäude der Stadt	● muri et aedificia oppidi
ā / ab *Präp. m. Abl.*	von, von ... her
● ab oppido / a basilica venire	● von der Stadt / von der Markthalle kommen
● Puer **a** villa **ad** oppidum properat.	● Der Junge eilt vom Landhaus zur Stadt.
● von der Stadt zum Dorf führen	● ab oppido ad vicum ducere
per *Präp. m. Akk.*	durch, hindurch
● per silvam	● durch den Wald
● Servus equos per campos ducit.	● Der Sklave führt die Pferde durch (über) die Felder.
● Die Schüler irren durch die Stadt.	● Discipuli per oppidum errant.
vīnea	der Weinberg, der Weinstock
● per vineas errare	● durch (die) Weinberge irren
● Servi in vineis Campaniae laborare debent.	● Die Sklaven müssen in / auf den Weinbergen Kampaniens arbeiten.
● Der Herr erwirbt einen Weinberg.	● Dominus vineam parat.

17

Du sparst viel Lernzeit, wenn du bei einem Wort die Bestandteile erkennen und die Wortbedeutung aus den Bestandteilen ableiten kannst:
z. B. educere = Präfix e- (aus, von ... her) + Verbum simplex ducere (führen, ziehen) → educere = heraus-führen

ēdūcere, ēdūcō (MH: ex-ducere)	herausführen
● Magister discipulos e ludo educit.	● Der Lehrer führt die Schüler aus der Schule heraus.
● Servus equos ex oppido educere debet.	● Der Sklave muss die Pferde aus der Stadt herausführen.
● „Führt die Jungen aus dem Wohnblock heraus!"	● „Educite pueros ex insula!"

cōnsistere, cōnsistō	stehenbleiben, haltmachen, sich aufstellen
● Equi statim consistunt.	● Die Pferde bleiben sofort stehen.
● Servus imperat: „Consistite, equi!“	● Der Sklave befiehlt: „Bleibt stehen, Pferde!"
● Bilde die 1. Pers. Sg. und die 3. Pers. Pl. von stare et consistere.	● sto et consisto / stant et consistunt
dēdūcere, dēdūcō (MH: de-ducere)	wegführen, hinführen
● Servus equos de vineis deducit.	● Der Sklave führt die Pferde von den Weinbergen weg.
● Servi equos de vineis ad oppidum deducunt.	● Die Sklaven führen die Pferde von den Weinbergen (weg) zur Stadt hin.
● „Warum führt ihr die Jungen weg?"	● „Cur pueros deducitis?“
addūcere, addūcō (MH: ad-ducere)	heranführen, veranlassen
● Konjugiere adducere.	● adduco, adducis, adducit, adducimus, adducitis, adducunt
● Magister discipulum ad templum adducit.	● Der Lehrer führt den Schüler zum Tempel heran.
● Die Sklaven führen die Pferde zur Stadt heran.	● Servi equos ad oppidum adducunt.
bibere, bibō	trinken
● Bilde die 2. Pers. Sg. und Pl. von cenare et bibere.	● cenas et bibis / cenatis et bibitis
● Nuntius aquam bibit.	● Der Bote trinkt Wasser.
● „Trinkt Wasser, Jungen!"	● „Bibite aquam, pueri!“
portāre, portō	bringen, tragen
● Servus frumentum portat.	● Der Sklave bringt / trägt Getreide.
● Avus imperat: „Portate cibos, puellae!“	● Der Großvater befiehlt: „Bringt die Speisen, Mädchen!"
● Der Herr trägt ein Geschenk zum Tempel.	● Dominus donum ad templum portat.
vīnum (MH: vinea)	der Wein
● Vinum, non aquam bibo.	● Ich trinke Wein, nicht Wasser.
● Dominus bona vina parat.	● Der Herr erwirbt gute Weine.
● Wer zögert, Wein zu trinken?	● Quis vinum bibere dubitat?
auxilium (MH: Auxiliartruppen)	die Hilfe
● „Auxilium! Praebete auxilium!“	● „Hilfe! Bringt Hilfe!"
● Pueri avo auxilium praebere non dubitant.	● Die Jungen zögern nicht, dem Großvater Hilfe zu bringen.
● „Bring Hilfe, Sklave!"	● „Auxilium praebe, serve!“
adesse, adsum (MH: ad-esse)	da sein, helfen
● Amici adsunt.	● Die Freunde sind da.
● Pueri servis adsunt.	● Die Jungen helfen den Sklaven.
● „Hilfe! Helft mir!"	● „Auxilium! Adeste mihi!“

dēesse, dēsum (MH: de-esse)
- Magister rogat: „Quis deest, discipuli?“
- „Quid tibi deest, ave?“
- Die Freunde sind lange abwesend.

abwesend sein, fehlen
- Der Lehrer fragt: „Wer fehlt, Schüler?“
- „Was fehlt dir, Großvater?“
- Amici diu desunt.

---

mortuus, a, um
- Iulia flet. Nam equus mortuus est.
- Sextus avum mortuum flet.
- Syrus vermisst seinen verstorbenen Großvater.

gestorben, tot; *Subst.* der Tote
- Julia weint. Denn das Pferd ist tot.
- Sextus beweint seinen verstorbenen Großvater.
- Syrus avum mortuum desiderat.

---

plēnus, a, um (MH: Plenum)
- carri pleni
- Carrus frumenti plenus est.
- Die Wagen sind voll.

voll
- volle Wagen
- Der Wagen ist voll des Getreides (von Getreide).
- Carri pleni sunt.

---

posse, possum
- Carrum trahere non possum.
- „Potestisne carrum trahere?“
- Wir können dir nicht helfen.

können
- Ich kann den Wagen nicht ziehen.
- „Könnt ihr den Wagen ziehen?“
- Tibi adesse non possumus.

18

Lerne bei Verben neben der sogenannten „Lernform“ (Infinitiv) unbedingt auch die nächste Form, also die 1. Pers. Sg. Nur dann kannst du wissen, zu welcher Konjugation das Wort gehört. So zeigt dir z. B. bei facere das kurze vorletzte -e- im Infinitiv zwar, dass das Verb zur kons. Konjugation gehört, dass es zur i-Erweiterung dieser Konjugation gehört, erkennst du aber nur, wenn du die 1. Pers. Präsens facio auch gelernt hast.

facere, faciō
- „Quid facis?“
- Pueri et puellae nihil faciunt.
- ich mache, du machst, sie machen

machen, tun, handeln
- „Was machst du?“
- Die Jungen und Mädchen machen nichts.
- faci-o, faci-s, faci-u-nt

---

sacrum (MH: Sakra-ment)
- sacrum facere
- Romani deis saepe sacra faciunt.
- „Bringt den Göttern ein Opfer, Römer!“

das Opfer, das Heiligtum
- ein Opfer bringen, opfern
- Die Römer opfern den Göttern oft.
- „Facite deis sacrum, Romani!“

autem *(nachgestellt)* ● Pueri **autem** tacent. = **Sed** pueri tacent. ● Discipuli Eudoxum rogant. Magister autem nihil dicit. ● Die Mädchen essen. Die Jungen aber trinken.	aber, andererseits ● Die Jungen schweigen aber. = Aber die Jungen schweigen. ● Die Schüler fragen Eudoxus. Der Lehrer aber sagt nichts. ● Puellae cenant. Pueri autem bibunt.
dēscendere, dēscendō ● „Cur non descenditis?“ ● Pueri de carro descendunt. ● sie steigen herab, steig herab!, steigt herab!	herabsteigen ● „Warum steigt ihr nicht herab?“ ● Die Jungen steigen vom Wagen herab. ● descend-u-nt, descend-e!, descend-i-te!
nōnne? (erwartet die Antwort „doch“ / „ja“) ● Venisne? ↔ Nonne venis? ● „Nonne linguam Latinam amas?“ ● „Siehst du den Jungen etwa nicht?“	(etwa) nicht? ● Kommst du? ↔ Kommst du (etwa) nicht? ● „Liebst du die lateinische Sprache / Latein etwa nicht?“ ● „Nonne puerum vides?“
magis **quam** **magis ... quam** ● Claudia mihi magis placet quam Iulia. ● Cenare vobis magis placet quam studere. ● Julia freut sich mehr als Cornelia.	mehr als, wie mehr ... als ● Claudia gefällt mir mehr / besser als Julia. ● Essen gefällt euch mehr / besser als studieren. ● Iulia magis gaudet quam Cornelia.
capere, capiō (MH: kapieren / kapern) ● Sceleratus gladium capit. ● Romani multa oppida capiunt. ● „Nimm die Schmuckstücke, Sklave!“	fassen, nehmen; erobern ● Der Verbrecher nimmt / fasst das Schwert. ● Die Römer erobern viele Städte. ● „Cape ornamenta, serve!“
aspicere, aspiciō (MH: Aspekt / „spicken“) ● Unterscheide: videre, spectare, aspicere ● „Nonne Vesuvium aspicitis?“ ● „Sieh das Opfer an!“	erblicken, ansehen ● **videre**: sehen / **spectare**: betrachten, anschauen, hinsehen / **aspicere**: erblicken, ansehen ● „Erblickt ihr den Vesuv etwa nicht?“ ● „Aspice sacrum!“
quattuor *indekl.* (MH: i. *quattro*) ● „Nonne quattuor equos aspicis, ave?“	vier (IV) ● „Erblickst du die vier Pferde etwa nicht, Großvater?“
quīn? (= cur non?) ● „Quin venis?“ ● „Quin libenter studetis, discipuli?“ ● Warum trinken die Pferde das Wasser nicht?	warum nicht? ● „Warum kommst du nicht?“ ● „Warum studiert ihr nicht gerne, Schüler?“ ● Quin equi aquam bibunt?

summus, a, um (MH: Summe)	der höchste, oberste
• summus deus	• der höchste / oberste Gott
• Augustus summum imperium tenet.	• Augustus hält / hat den höchsten Befehl / den Oberbefehl.
• Vulkan ist nicht der höchste Gott.	• Vulcanus summus deus non est.

19

Da du ab jetzt drei verschiedene Deklinationsklassen kennst, ist es noch wichtiger, beim Lernen darauf zu achten, zu welcher Deklinationsklasse ein Substantiv bzw. Adjektiv gehört. Lerne daher immer den Genitiv Sg. und das Genus mit.

senātor, senātōris *m*	der Senator (eine Art „Abgeordneter" / Politiker)
• consilium senatorum	• der Rat der Senatoren
• Senatores populo adesse debent.	• Die Senatoren müssen dem Volk helfen.
• Wir danken den Senatoren.	• (Nos) Senatoribus gratiam habemus.
mercātor, mercātōris *m*	der Kaufmann, der Händler
• Setze mercator bonus in den Abl. Sg. und Pl.	• tüchtiger Händler: mercatore bono / mercatoribus bonis
• Mercatores pretium ornamenti indicant.	• Die Händler zeigen den Preis des Schmucks an.
• Ich sehe in der Markthalle viele Händler.	• In basilica multos mercatores video.
vēndere, vēndō	verkaufen
• Konjugiere vendere.	• vendo, vendis, vendit, vendimus, venditis, vendunt
• Mercatores ornamenta libenter vendunt.	• Die Händler verkaufen gerne Schmuck(stücke).
• „Verkauft mir Wein, Händler!"	• „Vinum mihi vendite, mercatores!"
clārus, a, um (MH: e. *clear*)	klar, hell, berühmt
• Setze senator clarus in den Gen. Sg. und Pl.	• berühmter Senator: senatoris clari / senatorum clarorum
• In curia senatores clari sedent.	• Im Rathaus sitzen (die) berühmte(n) Senatoren.
• Wer sieht den berühmten Senator?	• Quis senatorem clarum videt?

imperātor, imperātōris *m* (MH: imperare, imperium) ● Setze imperator clarus in den Akk. Sg. und Pl. ● Senatores imperatorem clarum laudant. ● „Seht den Kaiser Augustus, Römer!“	der Befehlshaber, der Feldherr, der Kaiser ● berühmter Feldherr: imperatorem clarum / imperatores claros ● Die Senatoren loben den berühmten Feldherrn / Kaiser. ● „Videte imperatorem Augustum, Romani!“
honor, honōris *m* (MH: Honorar) ● in honore esse ● De honore vestro dico. ● Der Kaiser ist (sehr) angesehen.	die Ehre, das Ehrenamt ● in Ehre stehen, angesehen sein ● Ich rede von eurer Ehre. ● Imperator in (magno) honore est.
hodiē *Adv.* ● hic et hodie ● Hodie imperator in oppidum nostrum venit. ● Heute bringe ich ein Opfer.	heute ● hier und heute ● Heute kommt der Kaiser in unsere Stadt. ● Hodie sacrum facio.
tantus, a, um (MH: Tantalus hält **so große** Qualen aus.) ● Unterscheide: tantum *(nachgest.)* ↔ tantus, a, um ● Cur tanta turba in templo est? ● so große Ehre	so groß, so viel ● nur ↔ so groß, so viel ● Warum ist eine so große Menge im Tempel? ● tantus honor
creāre, creō (MH: Kreatur, e. *to create*) ● Deus campos et silvas et aquam creat. ● Populus imperatorem non creat. ● Wer wählt die Senatoren?	erschaffen, wählen ● Gott erschafft die Felder, Wälder und das Wasser. ● Das Volk wählt den Kaiser nicht. ● Quis senatores creat?
petere, petō ● Puellae ludum petunt. ● Multi viri Romani honores petunt. ● Wir erbitten / verlangen Hilfe.	aufsuchen, (er)streben, bitten, verlangen ● Die Mädchen suchen die Schule auf. ● Viele römische Männer erstreben Ehren(ämter). ● Auxilium petimus.
licet (MH: James Bond hat die **Lizenz** zum Töten.) ● Mihi licet in ludo bibere. ● Cui licet honores petere? ● Uns ist es erlaubt zu essen.	es ist erlaubt, es ist möglich ● Mir ist es erlaubt, in der Schule zu trinken. ● Wem ist es erlaubt, Ehren(ämter) zu erstreben? ● Nobis cenare licet.
uxor, uxōris *f* ● Uxorem meam amo. ● Senator clarus uxorem pulchram habet. ● Kennst du meine Ehefrau etwa nicht?	die Ehefrau ● Ich liebe meine Ehefrau. ● Der berühmte Senator hat eine schöne Ehefrau. ● Nonne uxorem meam scis?

apud *Präp. m. Akk.*	bei
● apud amicos	● bei Freunden
● Non cunctae puellae apud Romanos ludum petunt.	● Nicht alle Mädchen suchen bei den Römern die Schule auf (besuchen die Schule).
● Bei uns lachen die Sklaven oft.	● Apud nos servi saepe rident.

20

Zwischen si und sine oder dum und de besteht ein großer Unterschied. Leg dir eine Tabelle mit einer Spalte für Subjunktionen und einer für Präpositionen an, um diese Wortarten auseinanderzuhalten.

mulier, mulieris *f*	die Frau
● viri et mulieres	● Männer und Frauen
● Senator cunctis mulieribus dona praebet.	● Der Senator gibt allen Frauen Geschenke.
● Er lobt seine Ehefrau und alle Frauen.	● Uxorem et cunctas mulieres laudat.
quia *Subj.*	weil
● Rideo, quia gaudeo.	● Ich lache, weil ich mich freue.
● Secundus ad Primigeniam properat, quia amicam amat.	● Secundus eilt zu Primigenia, weil er die Freundin liebt.
● Der Sklave schweigt, weil er Angst hat.	● Servus tacet, quia timet.
sē *Akk./Abl.*	sich
● Puella se tantum amat.	● Das Mädchen liebt nur sich.
● Puer tabulam se-cum (= cum se) habet.	● Der Junge hat eine Schreibtafel mit / bei sich.
● Der Kaiser zeigt sich heute dem Volk.	● Hodie imperator populo se ostendit.
quod *Subj.*	weil; dass
● Gaudeo, quod venis.	● Ich freue mich, weil / dass du kommst.
● Dominus adest, quod servus rogat.	● Der Herr hilft, weil der Sklave (ihn) bittet.
● Wir freuen uns, weil / dass du da bist.	● Gaudemus, quod ades.
dum *Subj.*	während, solange, bis
● Taceo, dum per campos propero.	● Ich schweige, solange ich durch / über die Felder eile.
● Timeo, dum per silvam erro.	● Ich fürchte mich, während ich durch den Wald irre.
● Ich warte, bis du kommst.	● Maneo / Exspecto, dum venis.

animus (MH: re-animieren)

- animus et ingenium
- Animus parvorum puerorum saepe magnus est.
- Die Gesinnung des Jungen beeindruckt mich.

der Geist, der Mut, die Gesinnung

- Geist und Verstand
- Der Mut kleiner Jungen ist oft groß.
- Animus pueri me movet.

---

in animō habēre

- Te docere in animo habeo.
- Mercatores forum petere in animo habent.
- „Was hast du vor, Ehefrau?"

im Sinn haben, vorhaben

- Ich habe vor, dich zu unterrichten.
- Die Händler haben vor, das Forum aufzusuchen.
- „Quid in animo habes, uxor?"

---

mālle, mālō

- Bilde die 1., 2. und 3. Pers. Sg.
- Avus vinum quam aquam mavult.
- Discipuli narrare quam scribere malunt.

lieber wollen

- malo, mavis, mavult
- Der Großvater möchte lieber Wein als Wasser.
- Die Schüler möchten lieber erzählen als schreiben.

---

velle, volō

- Bilde die 1. Pers. Sg. und 3. Pers. Pl. von velle et posse.
- Cuncti viri mulieresque imperatorem aspicere volunt.
- „Was willst du?"

wollen

- volo et possum / volunt et possunt
- Alle Männer und Frauen wollen den Kaiser ansehen.
- „Quid vis?"

---

amor, amōris *m* (MH: amare / i. *amore*)

- „Amor meus magnus est, Primigenia."
- Secundus de amore narrat.
- Der Herr befindet die Liebe des Sohnes für gut.

die Liebe

- „Meine Liebe ist groß, Primigenia."
- Secundus erzählt von der / seiner Liebe.
- Dominus amorem filii probat.

---

soror, sorōris *f* (MH: „Meine Soror ist der Horror.")

- Iulia soror Corneliae est.
- Sextus sororem petere in animo habet.
- Julia und Cornelia sind Schwestern.

die Schwester

- Julia ist die Schwester von Cornelia / Cornelias Schwester.
- Sextus hat vor, seine Schwester aufzusuchen.
- Iulia et Cornelia sorores sunt.

---

sī *Subj.*

- „Si vis, mecum veni!"
- Magister te laudat, si libenter studes.
- „Trinkt, Freunde, wenn es erlaubt ist!"

wenn, falls

- „Wenn du willst, komm mit (mir)!"
- Der Lehrer lobt dich, wenn du gerne studierst.
- „Bibite, si licet, amici!"

---

fūr, fūris *m*

- Fur me terret.
- Fures ornamenta in basilica relinquunt.
- „Fasst den Dieb!"

der Dieb

- Der Dieb erschreckt mich.
- Die Diebe lassen den Schmuck in der Markthalle zurück.
- „Capite furem!"

clāmor, clāmōris *m* (MH: Klamauk) • Clamorem non amamus. • Quis clamorem non audire potest? • Wir hören Lärm.	das Geschrei, der Lärm • Lärm lieben wir nicht. • Wer kann das Geschrei nicht hören? • Clamorem audimus.
pecūnia • Pecunia nostra parva est. • Mercator magnam pecuniam habet. • „Schick mir Geld, Großvater!"	das Geld, das Vermögen • Unser Vermögen ist klein. • Der Händler hat ein großes Vermögen / viel Geld. • „Mitte mihi pecuniam, ave!"
vīgintī *indekl.* • Si viginti viri adsunt, non timeo.	zwanzig (XX) • Wenn 20 Männer da sind, fürchte ich mich nicht.
quamquam *Subj.* • Quamquam servi estis, ridetis. • Sceleratus puellas torquet, quamquam lacrimas puellarum videt. • Obwohl Sextus ein kleiner Junge ist, ist sein Mut groß.	obwohl • Obwohl ihr Sklaven seid, lacht ihr. • Der Verbrecher quält die Mädchen, obwohl er die Tränen der Mädchen sieht. • Quamquam Sextus parvus puer est, animus magnus est.
līberāre, līberō (MH: liber) • „Liberate servos!" • Viri furem non liberant. • Wir befreien alle Kriegsgefangenen.	befreien, freilassen • „Lasst die Sklaven frei!" • Die Männer befreien den Dieb nicht. • Cunctos captivos liberamus.
nōlle, nōlō (MH: nolle = no[n ve]lle) • Hodie studere nolo. • Servae nunc laborare nolunt. • Setze posse, sed nolle in die 1. Pers. Sg. und Pl.	nicht wollen • Heute will ich nicht studieren. • Die Sklavinnen wollen jetzt nicht arbeiten. • possum, sed nolo / possumus, sed nolumus

21

Stelle dir beim Lernen Sachfelder zusammen (vgl. S. 169 in deinem Lehrbuch). In diesem Kapitel erweiterst du z. B. dein Wissen über die Verwandtschaftsverhältnisse: Vater, Mutter, Bruder (Schwester, Großvater, Sohn, Tochter) ...

salūtāre, salūtō (MH: salutieren, Salut schießen) **salvē! salvēte!** • Discipuli magistrum salutant: „Salve!" • Et magister discipulos salutat: „Salvete!" • „Grüßt den Kaiser, Senatoren!"	(be)grüßen sei gegrüßt! seid gegrüßt! • Die Schüler grüßen den Lehrer: „Sei gegrüßt!" • Auch der Lehrer grüßt die Schüler: „Seid gegrüßt!" • „Salutate imperatorem, senatores!"

frāter, frātris *m* ● Frater sorores salutat. ● Quis fratrem imperatoris nescit? ● Marcus hat viele Brüder.	der Bruder ● Der Bruder grüßt die / seine Schwestern. ● Wer kennt den Bruder des Kaisers nicht? ● Marcus multos fratres habet.
pater, patris *m* ● Pater filias filiosque amat. ● Filius patris frater meus est. ● „Hilf deinem° Vater!"	der Vater ● Der Vater liebt seine Töchter und Söhne. ● Der Sohn des / meines Vaters ist mein Bruder. ● „Ades patri!"
māter, mātris *f* ● Pater materque hodie desunt. ● Uxor patris mater mea est. ● „Helft eurer° Mutter!"	die Mutter ● Vater und Mutter sind heute abwesend / nicht da. ● Die Ehefrau meines Vaters ist meine Mutter. ● „Adeste matri!"
tam **tam ... quam** ● quam – tam – tum – tandem – tantum – tantus ● Capua non tam pulchra est quam Roma. ● Unser Sklave ist nicht so arm wie eurer.	so so ... wie ● wie – so – da, dann, darauf, damals – endlich – nur – so groß, so viel ● Capua ist nicht so schön wie Rom. ● Servus noster non tam miser est quam (servus) vester.
cīvitās, cīvitātis *f* (MH: e. *city*) ● Setze civitas libera in den Abl. Sg. u. Akk. Pl. ● Imperator pater civitatis nostrae est. ● sich in einem freien Staat befinden	die Gemeinde, der Staat ● freier Staat: civitate libera / civitates liberas ● Der Kaiser ist der „Vater" unseres Staates. ● in civitate libera esse
lībertās, lībertātis *f* (MH: liber / liberare) ● Cuncti Romani libertatem amant. ● Romani pretium libertatis sciunt. ● Die Sklaven erstreben die Freiheit.	die Freiheit ● Alle Römer lieben die Freiheit. ● Die Römer kennen den Preis der Freiheit. ● Servi libertatem petunt.
potestās, potestātis *f* (MH: posse / e. *power*) ● Potestas imperatoris magna est. ● Imperator potestatem imperii augere studet. ● Du hast so viel Macht.	die (Amts-)Gewalt, die Macht ● Die Macht des Kaisers ist groß. ● Der Kaiser bemüht sich, die Macht des Reiches zu vergrößern. ● Tantam potestatem habes.
voluntās, voluntātis *f* (MH: velle) ● Setze bona voluntas in den Akk. Sg. u. Gen. Sg. ● Cuncti Romani voluntatem imperatoris sciunt. ● Ich kenne deine Absicht nicht.	der Wille, die Absicht ● gute Absicht: bonam voluntatem / bonae voluntatis ● Alle Römer kennen den Willen des Kaisers. ● Voluntatem tuam nescio.

cārus, a, um (MH: Caritas)	lieb, teuer, wertvoll
• Mater et pater cari (mihi) sunt.	• Mutter und Vater sind (mir) lieb.
• „Cuncta ornamenta tua cara sunt, mercator."	• „Alle deine Schmuckstücke sind teuer, Kaufmann."
• Der Wille der Mutter ist mir wertvoll.	• Voluntas matris mihi cara est.
herī *Adv.*	gestern
• hodie et heri	• heute und gestern
• „Primigeniam amo: heri, hodie, semper."	• „Primigenia liebe ich: gestern, heute, immer."
• dort – hier – heute – gestern	• ibi – hic – hodie – heri
servitūs, servitūtis *f* (MH: servus / serva)	die Sklaverei
• Setze servus et servitus in den Gen. u. Abl. Sg.	• servi et servitutis – servo et servitute
• Romani libertatem, non servitutem amant.	• Die Römer lieben die Freiheit, nicht die Sklaverei.
• Wir befreien euch von der Sklaverei.	• Vos a servitute liberamus.

22

Manchmal genügt es, eine kleine Skizze anzufertigen, um sich Wörter vorstellen und einprägen zu können. Male z. B. ein Bild mit „Himmel" und „Erde", mit „verschiedenen Tieren", mit den Göttern und ihren Zuständigkeitsbereichen ... Beschrifte die Skizze dann lateinisch.

antīquus, a, um (MH: antik / Antiquitäten)	alt, altertümlich
• Romani antiqui	• die alten Römer
• Marcum, amicum antiquum, salutare volo.	• Ich will Marcus, meinen alten Freund (= meinen langjährigen Freund), begrüßen.
• Wir betrachten alte Tempel.	• Templa antiqua spectamus.
Iuppiter, Iovis *m*	Jupiter *(höchster Gott der Römer)*
caelum (MH: *Pater noster, qui es in caelis*)	der Himmel
• Dekliniere Iuppiter.	• Iuppiter, Iovis, Iovi, Iovem, Iove
• Iuppiter in caelo imperat.	• Jupiter herrscht im Himmel.
• Der Himmel ist das Reich des Jupiter.	• Caelum imperium Iovis est.
terra (MH: Terrarium)	die Erde, das Land
• caelum et terra	• Himmel und Erde
• Iuppiter in caelo et in terra imperat.	• Jupiter herrscht im Himmel und auf der Erde.
• Ich kenne viele Länder.	• Multas terras scio.

bēstia (MH: Bestie)	das (wilde) Tier
● Equus meus bestia non est.	● Mein Pferd ist kein wildes Tier.
● Diana dea cunctarum bestiarum est.	● Diana ist die Göttin aller wilden Tiere.
● „Fürchtest du wilde Tiere?"	● „Timesne bestias?“
cēterī, ae, a (MH: *et cetera / etc.*)	die übrigen
● ceteri discipuli	● die übrigen Schüler
● Iuppiter Minervae, Dianae, Neptuno, Mercurio et ceteris deis impera-ba-t.	● Jupiter herrschte über Minerva, Diana, Neptun, Merkur und die übrigen Götter.
● Kennst du die übrigen Götter?	● Scisne ceteros deos?
dare, dō (MH: Datum)	geben
● „Date servis libertatem, Romani!“	● „Gebt den Sklaven die Freiheit, Römer!"
● Sed Romani libertatem servis non dabant.	● Aber die Römer gaben den Sklaven die Freiheit nicht.
● ich gab – du gabst – ihr gabt	● da-ba-m – da-ba-s – da-ba-tis
varius, a, um (MH: variieren / variabel)	bunt, verschieden, vielfältig
● varii dei	● verschiedene Götter
● In foro turbam variam aspicio.	● Auf dem Forum erblicke ich eine bunte Menschenmenge.
● Großvater gab uns vielfältige Geschenke.	● Avus dona varia nobis dabat.
servāre, servō (MH: kon-servieren / ob-servieren)	bewahren, retten; beobachten
● Deus nos servat.	● Gott bewahrt uns.
● Varii dei Romanos servabant.	● Verschiedene Götter bewahrten die Römer.
● die Befehle des Kaisers beobachten	● imperia imperatoris servare
sōlum *Adv.*	nur
● non solum ... sed etiam	● nicht nur ... sondern auch
● Non solum sororem, sed etiam fratrem amo.	● Ich liebe nicht nur die Schwester, sondern auch den Bruder.
● Jupiter herrscht nicht nur im Himmel.	● Iuppiter non solum in caelo imperat.
nūntiāre, nūntiō (MH: nuntius)	melden
● Bilde das Imperfekt von nuntio und nuntiant.	● nuntia-ba-m / nuntia-ba-nt
● Nuntius imperia Caesaris nuntiabat.	● Der Bote meldete die Befehle des Kaisers.
● „Meldet mir die übrigen Wohltaten!"	● „Cetera beneficia mihi nuntiate!“
exīstimāre, exīstimō	meinen, einschätzen
● „Quid tu existimas?“	● „Was meinst du?"
● Sic Romani semper existimabant.	● So meinten die Römer immer.
● So meinten nicht nur die alten Römer.	● Sic non solum Romani antiqui existimabant.

23

Nicht alle Substantive der 3. Deklination bilden den Genitiv Plural auf -um, sondern manche auf -ium. Die ersten drei lernst du in dieser Lektion (pars, urbs, mors).

amphitheātrum ● magnum amphitheatrum ● Romani pugnas in amphitheatro spectabant. ● Ich liebe weder große noch kleine Amphitheater.	das Amphitheater ● ein großes Amphitheater ● Die Römer schauten im Amphitheater Kämpfe an. ● Neque magna neque parva amphitheatra amo.
propter *Präp. m. Akk.* ● propter amorem ● Viri propter sacra ad templum veniebant. ● Sie lobte den Freund wegen der Geschenke.	wegen (*im Deutschen Präp. m. Gen.*) ● wegen der Liebe ● Die Männer kamen wegen der Opfer zum Tempel. ● Amicum propter dona laudabat.
gladiātor, gladiātōris *m* (MH: gladius) ● gladiatores clari ● Romani pugnas gladiatorum libenter spectabant. ● Gladiator kämpfte gegen (= mit) Gladiator.	der Gladiator (wörtlich: „Schwertkämpfer") ● berühmte Gladiatoren ● Die Römer schauten gerne Gladiatorenkämpfe an. ● Gladiator cum gladiatore pugnabat.
pars, partis *f* (*Gen. Pl.* **-ium**) (MH: Partei) ● „Da mihi partem meam!" ● Pars gladiatorum libenter pugnabat, pars pugnare dubitabat. ● aus allen Teilen des Reiches	der Teil, die Seite ● „Gib mir meinen Teil!" ● Ein Teil der Gladiatoren kämpfte gerne, ein Teil zögerte zu kämpfen. ● e / de cunctis partibus imperii
urbs, urbis *f* (*Gen. Pl.* **-ium**) (MH: *Urbi et orbi*) ● urbes et oppida ● Multi viri mulieresque in urbe habitabant. ● Sie kamen aus der Stadt.	die Stadt; die Stadt Rom ● (Groß-)Städte und (Klein-, Land-)Städte ● Viele Männer und Frauen lebten in der Stadt (Rom). ● Ex urbe veniebant.
prīmus, a, um (MH: primo, Primaballerina, Klassen-Primus) ● prima porta ● Populus primam pugnam spectat. ● Wer war der erste?	der (die, das) erste (I.) ● das erste Tor ● Das Volk betrachtet den ersten Kampf. ● Quis primus erat?
victor, victōris *m* (MH: Viktor, Viktoria) ● Victor in honore erat. ● Imperator victori pugnae pecuniam dabat. ● Das Volk kannte den Sieger.	der Sieger ● Der Sieger war angesehen. ● Der Kaiser gab dem Sieger des Kampfes Geld. ● Populus victorem sciebat.

exercēre, exerceō (MH: exerzieren; e. *to exercise*) ● Gladiator se exercet. ● Lingua me magis exercet quam delectat. ● „Trainiert euren Verstand, Schüler!"	üben, trainieren; quälen ● Der Gladiator trainiert (sich) / übt (sich). ● Die Sprache quält mich mehr, als (dass sie mich) erfreut. ● „Ingenium (vestrum) / Ingenia (vestra) exercete, discipuli!"
mors, mortis *f* (*Gen. Pl.* **-ium**) (MH: mortuus) ● Mors gladiatorem non terrebat. ● Gladiatores neque pugnas neque mortem timebant. ● ein erbärmlicher Tod	der Tod ● Der Tod erschreckte den Gladiator nicht. ● Die Gladiatoren fürchteten weder die Kämpfe noch den Tod. ● mors misera
dolor, dolōris *m* (MH: dolere) ● dolores oculorum ● Dolores gladiator profecto non timebat. ● List und Schmerz fürchte ich nicht.	der Schmerz ● Augenschmerzen ● Schmerzen fürchtete der Gladiator tatsächlich nicht. ● Dolum et dolorem non timeo.
vel ● aqua vel vinum ● Fur pecuniam vel ornamentum (ornamenta) capere volebat. ● „Trinkst du Wasser oder Wein?"	oder ● Wasser oder Wein ● Der Dieb wollte Geld oder Schmuck nehmen. ● „Bibisne aquam vel vinum?"
negōtium ● Meum negotium est discipulos docere. ● Dominus multa negotia in animo habebat. ● verschiedene Angelegenheiten	die Aufgabe, das Geschäft; die Angelegenheit ● Es ist meine Aufgabe, Schüler zu unterrichten. ● Der Herr hatte viele Geschäfte im Sinn. ● negotia varia
interficere, interficiō ● bestias interficere ● Negotium gladiatoris erat bestias interficere. ● ich tötete, wir töteten, sie töteten	töten, vernichten ● (wilde) Tiere töten ● Es war Aufgabe eines Gladiators, Tiere zu töten. ● interfici-eba-m, interfici-eba-mus, interfici-eba-nt
annus (MH: Anno Domini – im Jahr des Herrn) ● laetitia multorum annorum ● Servus (per) multos annos libertatem desiderabat. ● viele Jahre lang arbeiten	das Jahr ● eine Freude von vielen Jahren / eine langjährige Freude ● Der Sklave sehnte sich viele Jahre lang nach Freiheit. ● (per) multos annos laborare

virtūs, virtūtis *f* (MH: vir / Virtuose) ● Setze magna virtus in den Akk. u. Abl. Sg. ● Viri Romani nos magna virtute delectabant. ● Ich lobte deine Leistungen.	die Tapferkeit, die Tüchtigkeit, die Leistung ● große Tapferkeit: magnam virtutem / magna virtute ● Die römischen Männer erfreuten uns durch ihre große Tapferkeit. ● Virtutes tuas laudabam.

24

Manche Wörter erscheinen dir auf den ersten Blick recht leicht. Trotzdem musst du auch hier genau hinsehen, damit du Wörter wie magnitudo und multitudo nicht verwechselst. Und es genügt nicht regio mit „Region" und natio mit „Nation" wiederzugeben.

sōl, sōlis *m* (MH: Solar-Anlage) ● Sol servum torquet. ● Fures sceleratique solem non amant. ● Die Sonne befindet sich / ist am (= im) Himmel.	die Sonne ● Die Sonne quält den Sklaven. ● Diebe und Verbrecher lieben die Sonne nicht. ● Sol in caelo est.
regiō, regiōnis *f* (MH: Region) ● in regione Romae ● Multis in regionibus Romani imperant. ● Der Himmel erstreckt sich (= steht offen) in alle Richtungen.	das Gebiet, die Gegend, die Richtung ● in der Gegend Roms (= in der Gegend um Rom) ● In vielen Gebieten herrschen die Römer. ● Caelum in cunctas regiones patet.
homō, hominis *m* (MH: Homo sapiens) ● Multi homines in agris laborant. ● Venti multos homines terrent. ● mit vielen Menschen das Forum aufsuchen	der Mensch ● Viele Menschen arbeiten auf den Feldern. ● Die Winde erschrecken viele Menschen. ● cum multis hominibus forum petere
nātiō, nātiōnis *f* (MH: international) ● Multae nationes in terra sunt. ● Homines multarum nationum video. ● Die Römer herrschen über viele Völker.	das Volk, der Volksstamm ● Viele Völker befinden sich / gibt es auf der Erde. ● Ich sehe Menschen vieler Völker. ● Romani multis nationibus imperant.
multitūdō, multitūdinis *f* (MH: multi) ● multitudo hominum ● Audisne clamorem multitudinis? ● Ich fürchte die Menge an/von Menschen.	die große Zahl, die Menge ● eine große Zahl von Menschen / Menschenmenge ● Hörst du den Lärm der Menge? ● Multitudinem hominum timeo.

mōns, montis *m* (*Gen. Pl.* **-ium**) (MH: Mount Everest) ● mox – mors (*f*) – mons (*m*) ● Diana de monte descendit. ● Siehst du die großen Berge?	der Berg ● bald – der Tod – der Berg ● Diana steigt vom Berg herab. ● Videsne magnos montes?
fōns, fontis *m* (*Gen. Pl.* **-ium**) (MH: Fontäne) ● multi et magni fontes ● Aquam e fonte bibunt. ● der Ursprung der Schmerzen	die Quelle, der Ursprung ● viele (und) große Quellen ● Sie trinken Wasser aus der Quelle. ● fons dolorum
magnitūdō, magnitūdinis *f* (MH: magnus) ● magnitudo amphitheatri ● Silvam propter magnitudinem timeo. ● die Größe der Stadt	die Größe ● die Größe des Amphitheaters ● Ich fürchte den Wald wegen der / seiner Größe. ● magnitudo urbis / oppidi
hōra ● multas horas ● Servi multas horas laborare debent. ● Die Gladiatoren trainieren viele Stunden (hindurch / lang).	die Stunde ● viele Stunden (lang) ● Die Sklaven müssen viele Stunden (lang) arbeiten. ● Gladiatores (per) multas horas (se) exercent.
surgere, surgō ● Magister: „Surgite, discipuli!" ● Sed discipuli surgere dubitant. ● „Steh auf, Junge!"	aufrichten; sich erheben, aufstehen ● Der Lehrer (sagt): „Steht auf, Schüler!" ● Aber die Schüler zögern aufzustehen. ● „Surge, puer!"
decimus, a, um (MH: Dezimalstelle, Dezember) ● Sol iam decimam horam indicat.	der (die, das) zehnte (X.) ● Die Sonne zeigt schon die zehnte Stunde an.
leō, leōnis *m* (MH: Leo / Leon / e. *lion*) ● Leo bestia est. ● Gladiatores et cum leonibus pugnabant. ● viele Löwen besiegen	der Löwe ● Ein Löwe ist ein wildes Tier. ● Die Gladiatoren kämpften auch mit Löwen. ● multos leones superare
āmittere, āmittō (MH: mittere) ● vitam amittere ● Multi homines in pugna vitam amittunt. ● den Schmuck verlieren	aufgeben, verlieren ● das Leben verlieren ● Viele Menschen verlieren im Kampf das Leben. ● ornamentum amittere
nisī *Subj.* (MH: si) ● Si venis, gaudeo. Nisi venis, fleo. ● Nisi urbem relinquimus, vitam servare non possumus. ● Wenn du dich nicht bemühst, ermahnt der Lehrer dich.	wenn nicht ● Wenn du kommst, freue ich mich. Wenn du nicht kommst, weine ich. ● Wenn wir die Stadt nicht verlassen, können wir unser Leben nicht retten / bewahren. ● Nisi studes, magister te monet.

25

Beachte, dass die Präposition sub genauso „funktioniert" wie die Präposition in! Das heißt: Auf die Frage „wohin?" steht sub m. Akk., auf die Frage „wo?" aber m. Abl.

nōndum *Adv.*	noch nicht
● non – numquam – non iam – nondum	● nicht – niemals – nicht mehr – noch nicht
● Nox nondum aderat.	● Die Nacht war noch nicht da.
● Die Stunde ist noch nicht da.	● Hora nondum adest.
anteā *Adv.* (MH: ante)	vorher, früher
● antiquus – ante *Präp. m. Akk.* – antea *Adv.*	● alt(ehrwürdig) – vor – vorher, früher
● Numquam antea magis timebam.	● Niemals vorher fürchtete ich mich mehr.
● Das Wasser war vorher gut.	● Aqua antea bona erat.
prīmum *Adv.* (MH: primo *Adv.*)	erstens, zuerst, zum ersten Mal
● primum *Adv.* – primo *Adv.*	● erstens, zuerst, zum ersten Mal – zuerst
● Heri primum amphitheatrum intravi.	● Gestern habe ich zum ersten Mal ein Amphitheater betreten.
● Der Lehrer hat gestern zum ersten Mal von den Göttern erzählt.	● Magister heri primum de deis narravit.
altus, a, um (MH: kein Sopran, sondern Alt)	hoch, tief
● mons altus – aqua alta	● ein hoher Berg – tiefes Wasser
● Ibi montes alti surgunt.	● Dort erheben sich hohe Berge.
● Siehst du den hohen Tempel?	● Videsne templum altum?
sub *Präp. m. Abl. / m. Akk.*	unter *(wo?)* / unter *(wohin?)*
● sub carro esse	● unter dem Wagen liegen (sein)
● sub carrum trahere	● unter den Wagen ziehen
● unter der Erde sein – unter die Erde hinabsteigen	● sub terra esse – sub terram descendere
an *(im Fragesatz)*	oder (etwa)
● An nihil audivisti?	● Oder hast du etwa nichts gehört?
● An monstro sub oculos venire vis?	● Oder willst du etwa dem Ungeheuer unter die Augen kommen?
● Oder willst du etwa Wein trinken?	● An vinum bibere vis?
cūrāre, cūrō (MH: kurieren, Kur)	pflegen, sorgen für
● equum curare	● das Pferd pflegen
● familiam curare	● für die Familie sorgen
● Der tüchtige Vater hat für alle Sklaven gesorgt.	● Pater bonus cunctos servos curavit.

mīrus, a, um (MH: Mirakel / „Miracoli")	erstaunlich, sonderbar
● magnus – multus – mirus	● groß, bedeutend – viel – erstaunlich, sonderbar
● Homines sonos miros audiverunt.	● Die Menschen haben sonderbare Geräusche gehört.
● erstaunliche Tapferkeit → Abl. Sg.	● virtus mira → virtute mira
timor, timōris *m* (MH: timere)	die Angst, die Furcht
● Unterscheide timere und timore!	● timere: (sich) fürchten, Angst haben timore: Abl. Sg. von timor: die Angst, die Furcht
● Magnus timor homines tenuit.	● Große Furcht hielt die Menschen (fest).
● Setze „große Furcht" in den Akk. und Abl. Sg.	● magnum timorem – magno timore
malus, a, um	schlecht, schlimm
● magnus – malus – mirus	● groß, bedeutend – schlecht, schlimm – erstaunlich, sonderbar
● Homines malos timemus.	● Wir fürchten schlechte Menschen.
● Ich trinke keinen (= nicht) schlechten Wein.	● Vinum malum non bibo.
perīculum	die Gefahr
● magna pericula	● große Gefahren
● Nos magno in periculo eramus.	● Wir waren in großer Gefahr.
● Fürchtest du die Gefahr?	● Timesne periculum?

26

Lerne die dritte Stammform gründlich mit. Ergänze gegebenenfalls deine alten Karteikarten:
z. B. dēlēre, dēleō, **dēlēvī** / flēre, fleō, **flēvī**.

esse, sum, fuī	sein, sich befinden
● Magno in periculo fuimus.	● Wir waren in großer Gefahr.
lūx, lūcis *f* (MH: Lichterfest Lucia)	das Licht, das Tageslicht
● lux solis	● das Licht der Sonne / Sonnenlicht
● Lucem solis videre non iam possum.	● Ich kann das Sonnenlicht nicht mehr sehen.
● Siehst du das Licht der Sonne / Sonnenlicht?	● Videsne lucem solis?
dī! *Vok.* (MH: deus)	(oh) Götter!
● Unterscheide: di! – dei – deo	● di: Vokativ – dei: Gen. Sg. / Nom. Pl. – deo: Dat. / Abl. Sg.
● „Adeste nobis, di magni!"	● „Helft uns, oh große Götter!"
● Die Menschen schrien: „Oh große Götter!"	● Homines clamaverunt / clamabant: „Di magni!"

cum *Subj.* ● Unterscheide cum als Präposition und als Subjunktion! ● Puella cum amico ridebat, cum subito pater intravit. ● Die Schüler schwiegen, immer wenn der Lehrer eintrat.	als (plötzlich); (immer) wenn ● cum *Präp. mit Ablativ*: (zusammen) mit cum *Subj.*: als (plötzlich), (immer) wenn ● Das Mädchen lachte mit dem Freund, als plötzlich der Vater eintrat. ● Discipuli tacebant, cum magister intrabat.
cadere, cadō (MH: Kasus) ● Puer non iam stat, sed cadit. ● Pueri de tecto cadunt. ● Die Menschen fallen.	fallen ● Der Junge steht nicht mehr, sondern fällt. ● Die Jungen fallen vom Dach. ● Homines cadunt.
complēre, compleō, **complēvī** (MH: komplett) ● Carrum complevi. ● Homines forum clamore compleverunt. ● Die Sklavinnen füllten die Vorräte auf.	anfüllen, auffüllen ● Ich habe den Wagen angefüllt. ● Menschen erfüllten den Marktplatz mit Geschrei. ● Servae copias compleverunt / complebant.
vōx, vōcis *f* (MH: Vokal / Fernsehsender Vox) ● magna voce ● Vocem patris propter clamorem non audivi. ● Die Schüler gehorchten der Stimme des Lehrers.	die Stimme, die Äußerung, der Laut ● mit lauter Stimme ● Wegen des Lärms hörte ich die Stimme des Vaters nicht. ● Discipuli voci magistri paruerunt / parebant.
flēre, fleō, **flēvī** (MH: flennen) ● Puer flevit. ● Puellae magna voce fleverunt. ● „Warum hast du geweint, Freund?"	weinen, beweinen ● Der Junge weinte. ● Die Mädchen weinten mit lauter Stimme. ● „Cur flevisti, amice?"
mōnstrum (MH: Monster) ● monstra mira ● Homines magnum monstrum timent. ● Hast du das Geschrei des Ungeheuers gehört?	das Ungeheuer ● sonderbare Ungeheuer ● Die Menschen fürchten das große Ungeheuer. ● Audivistine clamorem monstri?
dēlēre, dēleō, **dēlēvī** (MH: Delete-Taste) ● Magnus ventus villas delevit. ● Monstra multa tecta deleverunt. ● Wer hat die Mauer zerstört?	zerstören, vernichten ● Ein großer Wind hat die Landhäuser zerstört. ● Die Ungeheuer zerstörten viele Häuser. ● Quis murum delevit?
tēctum (MH: Archi-tekt) ● tectum altum ● Vesuvius multa tecta delevit. ● Ich habe in einem schönen Haus gewohnt.	das Dach; das Haus ● ein hohes Dach / Haus ● Der Vesuv hat viele Häuser zerstört. ● In tecto pulchro habitavi / habitabam.

nox, noctis *f* (*Gen. Pl.* **-ium**)	die Nacht
● Nox iam adest.	● Die Nacht ist schon da.
● Pueri noctem altam timuerunt.	● Die Jungen fürchteten die tiefe Nacht.
● Die Nacht hat mich nicht erschreckt.	● Nox me non terruit / terrebat.
posse, possum, **potuī**	können
● Nihil videre potui.	● Ich konnte nichts sehen.
salūs, salūtis *f* (MH: salutare)	die Gesundheit, die Rettung, der Gruß, das Glück
● salus hominum	● das Glück der Menschen
● Imperator salutem populi curat.	● Der Kaiser sorgt für das Glück / die Rettung des Volkes.
● Ich habe die Rettung im Sinn.	● Salutem in animo habeo.
fuga (MH: Fuge [Musikstück], e. *refugee*)	die Flucht
● fuga equorum	● die Flucht der Pferde
● Homines se in fugam dant.	● Die Menschen (be)geben sich auf die Flucht.
● In der Flucht liegt (ist) unsere Rettung.	● In fuga salus nostra est.
velle, volō, voluī	wollen
● Homines oppidum relinquere voluerunt.	● Die Menschen wollten die Stadt verlassen.
posteā *Adv.* (MH: post)	nachher, später
● ante – antea – post – postea	● vor – vorher – hinter, nach – nachher, später
● Marcus primo tacuit. Postea clamavit.	● Marcus schwieg zuerst. Nachher schrie er.
● Was willst du nachher anschauen?	● Quid postea spectare vis?

27

Auch im Deutschen gibt es reine Pluralwörter, z. B. Ferien, Ostern, Alpen …
Lerne die wenigen lateinischen Pluralwörter einfach auswendig, z. B. durch einen Merksatz wie: „Die **Kinder** sahen wegen der **Dunkelheit** in der **Ruine** des **Lagers** den **Reichtum** nicht."

līberī, līberōrum *m Pl.*	die Kinder
● Pater cum liberis venit.	● Der Vater kommt mit den / seinen Kindern.
● Liberi nostri non servi, sed liberi sunt.	● Unsere Kinder sind keine Sklaven, sondern frei.
● Vater und Mutter sorgen für die Kinder.	● Pater et mater liberos curant.

fābula (MH: Fabel / fabel-haft) ● Magister fabulam narravit.	die Erzählung, die Geschichte, das Theaterstück ● Der Lehrer erzählte eine Geschichte.
dīvitiae, ārum *f Pl.* ● Mercator divitias auget. ● Multi homines divitias petunt. ● Reichtum erfreut die Menschen.	der Reichtum ● Der Händler vergrößert den Reichtum. ● Viele Menschen erstreben Reichtum. ● Divitiae homines delectant.
is, ea, id ● is vir / ea mulier / id tectum ● Homines eum montem semper timuerunt. ● Ich kenne ihn nicht.	dieser, diese, dieses; er, sie, es ● dieser Mann / diese Frau / dieses Haus ● Die Menschen haben diesen Berg immer gefürchtet. ● Eum nescio.
dīc! ● Cur semper taces? Tandem dic!	sag! sprich! ● Warum schweigst du immer? Sprich endlich!
modestia ● Modestia virtus est. ● Pater ceteros senatores modestia superat. ● Die Bescheidenheit der Menschen erfreut die Götter.	die Bescheidenheit, der Anstand ● Bescheidenheit ist eine Tugend. ● Der Vater übertrifft die übrigen Senatoren an Anstand. ● Modestia hominum deos delectat.
iacēre, iaceō ● Quid in via iacet? ● Gladiator mortuus in arena (!) iacuit. ● Der Sklave liegt unter dem Karren.	liegen ● Was liegt auf dem Weg? ● Ein toter Gladiator lag in der Arena. ● Servus sub carro iacet.
luxuria ● Luxuria virtus non est. ● Luxuria villae puellis placet. ● Viele Menschen lieben Luxus.	der Luxus, der Prunk ● Luxus ist keine Tugend. ● Der Prunk des Hauses gefällt den Mädchen. ● Multi homines luxuriam amant.
dūc! ● Cape liberos et duc eos ex urbe!	führe! ● Nimm die Kinder und führe sie aus der Stadt!
temptāre, temptō ● Urbem relinquere temptamus. ● Voluntatem magistri tempto. ● Die Römer greifen die Stadt an.	angreifen; prüfen, versuchen ● Wir versuchen, die Stadt zu verlassen. ● Ich prüfe den Willen des Lehrers. ● Romani oppidum / urbem temptant.
tenebrae, tenebrārum *f Pl.* ● Tenebras timui. ● Liberi per tenebras erraverunt. ● In der Dunkelheit sehe ich kein Licht.	die Dunkelheit, die Finsternis ● Ich fürchtete die Finsternis. ● Die Kinder irrten durch die Dunkelheit. ● (In) tenebris lucem non video.

castra, castrōrum *n Pl.* (MH: Kastell) — das Lager

- Romani castra temptant. — Die Römer greifen das Lager an.
- Romani in castris non manebant. — Die Römer blieben nicht im Lager.
- Siehst du etwa nicht das Lager? — Nonne castra vides?

---

reliquiae, reliquiārum *f Pl.* (MH: relinquere) — das Überbleibsel, der Überrest, die Ruine

- reliquiae oppidi — die Ruine(n) der Stadt
- Reliquiasne Romae iam spectavisti? — Hast du schon die Überreste Roms angesehen?
- Die Menschen blieben in den Ruinen der Stadt. — Homines in reliquiis urbis manebant.

28

Um jede Verbform aus einem Text auf die jeweilige Lernform (Infinitiv Präsens) zurückführen zu können, musst du die Stammformenreihen sicher beherrschen. Denn nur wenn du erkennst, dass torsistis die 2. Pers. Pl. Perfekt von torquere (torquere, torqueo, torsi) ist, kannst du die Form richtig übersetzen.

1) Verben mit s-Perfekt:

- Nenne alle Verben mit s-Perfekt, die dir einfallen! Ein Tipp: Es sind bisher zwölf. — In alphabetischer Reihenfolge: āmittere, aspicere, augēre, dīcere, dūcere, manēre, mittere, ridēre, scrībere, sentīre, torquēre, trahere

---

1a) Verben mit (reinem) s-Perfekt:

- Stammformen und Bedeutung von **āmittere**! — āmittere, āmittō, **āmīsī**: aufgeben, verlieren
  Multi homines vitam amiserunt. — Viele Menschen haben das Leben verloren.
- Stammformen und Bedeutung von **manēre**! — manēre, maneō, **mānsī**: bleiben, (er)warten
  Liberi in umbra basilicae manserunt. — Die Kinder blieben im Schatten der Basilika.
- Stammformen und Bedeutung von **mittere**! — mittere, mittō, **mīsī**: (los)lassen, schicken, werfen
  Pater nuntium misit. — Der Vater schickte einen Boten / eine Nachricht.
- Stammformen und Bedeutung von **rīdēre**! — rīdēre, rīdeō, **rīsī**: lachen, auslachen
  Cuncti discipuli subito riserunt. — Alle Schüler lachten plötzlich.
- Stammformen und Bedeutung von **sentīre**! — **sentīre, sentiō, sēnsī**: fühlen, meinen, wahrnehmen
  – Quid sentis? — – Was meinst du?
  – Ich habe die Gefahr nicht wahrgenommen. — – Periculum non sensi.
- Stammformen und Bedeutung von **scrībere**! — scrībere, scrībō, **scrīpsī**: schreiben, beschreiben
  Quin scripsistis? — Warum habt ihr nicht geschrieben?
- Stammformen und Bedeutung von **torquēre**! — torquēre, torqueō, **torsī**: drehen; quälen
  Dolores mulierem torserunt. — Schmerzen quälten die Frau.

1b) Verben mit s-Perfekt auf -x-:

- Stammformen und Bedeutung von **aspicere**!
  Multa monumenta aspeximus.
- Stammformen und Bedeutung von **augēre**!
  Periculum timorem auxit.
- Stammformen und Bedeutung von **dīcere**!
  Cur nihil diximus?
- Stammformen und Bedeutung von **dūcere**!
  Pater materque liberos in silvam duxerunt.
- Stammformen und Bedeutung von **trahere**!
  Equi carros traxerunt.

- aspicere, aspiciō, **aspexī**: erblicken, ansehen
  Wir haben viele Denkmäler angesehen.
- augēre, augeō, **auxī**: vergrößern, vermehren
  Die Gefahr hat die Furcht vergrößert.
- dīcere, dīcō, **dīxī**: sagen, sprechen
  Warum haben wir nichts gesagt?
- dūcere, dūcō, **dūxī**: führen, ziehen
  Vater und Mutter führten die Kinder in den Wald.
- trahere, trahō, **trāxī**: schleppen, ziehen
  Die Pferde zogen die Wagen.

---

2) Verben mit Reduplikationsperfekt:

- Nenne alle Verben mit Reduplikationsperfekt, die dir einfallen. Ein Tipp: Es sind bisher sechs.

- cadere, dare, stāre, occidere, respondēre, praestāre

- Stammformen und Bedeutung von **cadere**!
  Ornamentum in aquam cecidit.
- Stammformen und Bedeutung von **dare**!
  Pater mihi magnum donum dedit.
- Stammformen und Bedeutung von **stāre**!
  Discipuli ante basilicam steterunt.
- Stammformen und Bedeutung von **occidere**!
  - Monstrum occidit.
  - Nescisne cunctos homines tum occidisse?
  - Eine große Zahl von Menschen ist umgekommen.
- Stammformen und Bedeutung von **respondēre**!
  Cur nihil respondistis?
- Stammformen und Bedeutung von **praestāre**!
  - Imperator populo beneficia praestitit.
  - Voluntatem tuam praesta!

- cadere, cadō, **cecidī**: fallen
  Das Schmuckstück fiel ins Wasser.
- dare, dō, **dedī**: geben
  Der Vater gab mir ein großes Geschenk.
- stāre, stō, **stetī**: stehen
  Die Schüler standen vor der Basilika.
- **occidere, occidō, occidī**: (zu Boden) fallen, umkommen, untergehen
  - Das Monster kommt um / ist umgekommen.
  - Weißt du nicht, dass alle Menschen damals umkamen?
  - Multitudo hominum occidit.
- respondēre, respondeō, **respondī**: antworten
  Warum habt ihr nichts geantwortet?
- **praestāre, praestō, praestitī** *m. Akk.*: gewähren, leisten, zeigen
  - Der Kaiser gewährte dem Volk Wohltaten.
  - Zeige deine Absicht!

---

monumentum
- Tibi monumenta urbis ostendo.

das Denkmal
- Ich zeige dir die Denkmäler der Stadt.

ōra
- Mater amicas ad oram duxit.

die Küste
- Die Mutter führte die Freundinnen zur Küste.

---

studium (MH: Studium / studere)
- Discipuli magno cum studio id studuerunt.

die Beschäftigung, das Engagement, das Interesse
- Die Schüler studierten dies mit großem Engagement.

statua (MH: stare) ● Ea statua non iam stabat.	die Statue ● Diese Statue stand nicht mehr.
ecce ● Ecce! Ante Herculem subito leo stetit.	schau! sieh da! schaut! seht da! ● Schau(t)! Vor Herkules stand plötzlich ein Löwe.
etsi (MH: et + si) ● Etsi erras, te laudo. ● Hercules, etsi magnitudinem leonis aspexit, eum temptavit. ● Obwohl ich mich fürchte, komme ich zu dir.	auch wenn, obwohl ● Auch wenn du irrst, lobe ich dich. ● Obwohl Herkules die Größe des Löwen erblickte, griff er ihn an. ● Etsi timeo, ad te venio.
suus, a, um ● Servus de patria **sua** narrat. Et serva de patria **sua** narrat. ● Servi de domino **suo** narrant. ● Die Schüler lachten ihren Lehrer aus, nicht euren.	sein, ihr ● Der Sklave erzählt von seiner Heimat. Auch die Sklavin erzählt von ihrer Heimat. ● Die Sklaven erzählen von ihrem Herrn. ● Discipuli magistrum suum, non vestrum riserunt / ridebant.
enim *(nachgestellt)* ● Nam timui. ~ Timui enim. ● Tibi gratiam habeo. Me enim servavisti. ● Wir freuen uns. Denn wir sind frei.	nämlich, denn ● Denn ich fürchtete mich. ● Ich danke dir. Denn du hast mich gerettet. ● Gaudemus. Liberi enim sumus.

29

Wenn sich Verbformen im Präsens- und Perfektstamm kaum unterscheiden, musst du umso genauer hinsehen. So ist videt Präsens, vidit aber Perfekt. Manchmal findet sich sogar keinerlei Unterschied: Ob die Form comprehendit Präsens oder Perfekt ist, ergibt sich erst aus dem Kontext.

duodecim *indekl.* (MH: duo + decem) **quattuordecim** *indekl.* (MH: quattuor + decem) ● Eurystheus non quattuordecim, sed duodecim labores Herculi imperavit.	zwölf (XII) vierzehn (XIV) ● Eurystheus hat Herkules nicht vierzehn, sondern zwölf Arbeiten befohlen.
labor, labōris *m* (MH: Labor[atorium]) ● labores Herculis ● Hercules cunctos labores faciebat. ● Liebst du Anstrengung?	die Arbeit, die Anstrengung ● die Arbeiten des Herkules ● Herkules vollbrachte alle Arbeiten. ● Amasne laborem?

secundus, a, um (MH: Sekund[e])	der (die, das) zweite, günstig (II.)
tertius, a, um (MH: Terz, Terzett)	der (die, das) dritte (III.)
quārtus, a, um (MH: Quart, Quartett)	der (die, das) vierte (IV.)
quīntus, a, um (MH: Quint, Quintett)	der (die, das) fünfte (V.)
● „Scitisne secundum, tertium, quartum quintumque laborem Herculis, discipuli?“	● „Kennt ihr die zweite, dritte, vierte und fünfte Tat des Herkules, Schüler?“
● Avus ventos secundos desiderat.	● Der Großvater sehnt sich nach günstigen Winden.
● hinter dem vierten Berg	● post quartum montem
Schon gelernte Verben, die ein Dehnungsperfekt bilden:	
● Stammformen und Bedeutung von **venīre**! Liberi in tectum venerunt.	● venīre, veniō, **vēnī**: kommen Die Kinder sind ins Haus gekommen.
● Stammformen und Bedeutung von **invenīre**! Ibi liberi auxilium invenerunt.	● invenīre, inveniō, **invēnī**: finden, erfinden Dort fanden die Kinder Hilfe.
● Stammformen und Bedeutung von **sedēre**! Homines in umbra sederunt.	● sedēre, sedeō, **sēdī**: sitzen Die Menschen saßen im Schatten.
● Stammformen und Bedeutung von **vidēre**! Quid ibi vidistis?	● vidēre, videō, **vīdī**: sehen Was habt ihr dort gesehen?
● Stammformen und Bedeutung von **facere**! Quid Hercules in silva fecit?	● facere, faciō, **fēcī**: machen, tun, handeln Was hat Herkules im Wald gemacht?
● Stammformen und Bedeutung von **interficere**! Hercules multa monstra interfecit.	● interficere, interficiō, **interfēcī**: töten, vernichten Herkules hat viele Ungeheuer getötet.
● Stammformen und Bedeutung von **relinquere**! Multitudo urbem reliquit.	● relinquere, relinquō, **relīquī**: verlassen, zurücklassen Die Menschenmenge hat die Stadt verlassen.
● Stammformen und Bedeutung von **capere**! Senatores consilium ceperunt.	● capere, capiō, **cēpī**: fassen, nehmen; erobern Die Senatoren fassten einen Beschluss.
● Stammformen und Bedeutung von **movēre**! Te verbis meis profecto movi.	● movēre, moveō, **mōvī**: bewegen, beeindrucken Ich habe dich mit meinen Worten tatsächlich beeindruckt.
ita *Adv.*	so
● Ita est!	● So ist es!
● Ita est, ut dicis.	● Es ist so, wie du sagst.
● Nenne ein Synonym (bedeutungsgleiches Wort) zu ita.	● sic
vincere, vincō, vīcī (MH: victor / Veni, vidi, vici.)	(be)siegen, übertreffen
● Hercules cuncta monstra vincit.	● Herkules besiegt alle Ungeheuer.
● Caesar venit, vidit, vicit.	● Cäsar kam, sah und siegte.
● Du hast die Angst besiegt.	● Timorem vicisti.

rēx, rēgis *m* (MH: Tyrannosaurus rex)	der König
● Quis primus rex Romae erat?	● Wer war der erste König von Rom?
● Nondum regem vidi.	● Ich habe den / einen König noch nicht gesehen.
● Gehorcht dem König!	● Parete regi!
vix *Adv.*	kaum, (nur) mit Mühe
● vix – mox – nox – rex	● kaum, (nur) mit Mühe – bald – Nacht – König
● Hercules leonem vix vicit.	● Herkules besiegte den Löwen mit Mühe.
● Ich konnte kaum aufstehen.	● Surgere vix potui.
factum (MH: Fakt / facere)	die Handlung, die Tat, die Tatsache
● factum – beneficium – facere	● Handlung, Tat, Tatsache – Wohltat – machen, tun, handeln
● Hercules multa facta clara fecit.	● Herkules vollbrachte viele berühmte Taten.
● Kennst du die Taten des Herkules?	● Scisne facta Herculis?
agere, agō, ēgī (MH: agieren – re-agieren)	handeln, treiben, verhandeln
● Servus equos e campis egit.	● Der Sklave trieb die Pferde von den Feldern.
● Imperator cum senatoribus de ludis egit.	● Der Kaiser verhandelte mit den Senatoren über die Spiele.
● ein Geschäft (be-)treiben	● negotium agere
comprehendere, comprehendō, comprehendī	begreifen, ergreifen, festnehmen
● Vigiles (Polizisten) furem comprehendunt.	● Die Polizisten nehmen den Dieb fest / ergreifen den Dieb.
● Discipuli verba magistri comprehenderunt.	● Die Schüler begriffen die Worte des Lehrers.
● Hast du meine Worte begriffen?	● Comprehendistine verba mea?
dēscendere, dēscendō, **dēscendī**	herabsteigen
● Mercurius deus ad terram descendit.	● Der Gott Merkur steigt / stieg auf die Erde hinab.
fluvius	der Fluss
● Fluvium spectavi.	● Ich habe den Fluss betrachtet.
● Servi aquam e fluvio bibunt.	● Die Sklaven trinken Wasser aus dem / vom Fluss.
● Das Wasser des Flusses tranken die Pferde.	● Aquam fluvii equi bibebant.
vertere, vertō, vertī (MH: intro-vertiert)	drehen, wenden
● Homines se in fugam vertunt.	● Die Menschen wenden sich zur Flucht.
● Servi aquam e fluvio ad campos verterunt.	● Die Sklaven wendeten / leiteten Wasser vom Fluss zu den Feldern.
● Wende dich mir zu!	● Te ad me verte!
arma, armōrum *n Pl.* (MH: Armee)	das Gerät, die Waffen
● arma gladiatorum	● die Waffen der Gladiatoren
● Gladiatores sine armis non pugnaverunt.	● Die Gladiatoren kämpften nicht ohne Waffen.
● Wo sind deine Waffen?	● Ubi arma (tua) sunt?

30

Denke daran, dass sich bei vielen Wörtern die Bedeutung ändert, wenn sie mit einem anderen Fall konstruiert werden. So heißt dolere zuerst einmal „schmerzen, wehtun". Wenn dolere aber mit Ablativ steht, heißt es „traurig sein über (etw.)".

gaudēre *m. Abl.* (MH: Gaudi) ● auxilio gaudere ● Eurystheus ingenio Herculis non gaudebat. ● „Freut euch über die Rettung des Vaters, Kinder!"	sich freuen über ● sich über die Hilfe freuen ● Eurystheus freute sich nicht über das Talent des Herkules. ● „Gaudete salute patris, liberi!"
labōrāre *m. Abl.* ● doloribus laborare ● Eurystheus virtute Herculis laborabat. ● Auch der Sieger litt (an) Schmerzen.	leiden an, in Not / Sorge sein wegen ● an Schmerzen leiden ● Eurystheus war in Sorge wegen der Tapferkeit des Herkules. ● Et(iam) victor doloribus laborabat / laboravit.
dolēre *m. Abl.* (MH: dolor) ● iniuria dolere ● Discipuli verbis magistri dolebant. ● Die Kriegsgefangenen sind traurig über die Sklaverei.	traurig sein über ● über ein Unrecht traurig sein ● Die Schüler waren traurig über die Worte des Lehrers. ● Captivi servitute dolent.
carēre *m. Abl.* ● amicis carere ● Rex diu consilio caruit. ● Ich hatte kein Schwert.	frei sein von, ohne (etwas) sein, nicht haben ● keine Freunde haben, ohne Freunde sein ● Der König hatte lange (Zeit) keinen Plan. ● Gladio carebam / carui.
līber, a, um (ā) *m. Abl.* ● liber (a) timore ● Hercules numquam (a) laboribus liber erat. ● Wir sind frei von Angst.	frei von ● frei von Angst ● Herkules war niemals frei von Arbeiten. ● Liber (a) timore sumus.
officium (MH: Offizier / e. *office*) ● officium praestare ● Hercules semper officia sua fecit. ● „Tut eure° Pflicht(en), Schüler!"	der Dienst, die Pflicht, das Pflichtgefühl ● einen Dienst leisten ● Herkules tat immer seine Pflicht(en). ● „Facite officia / officium, discipuli!"

eō annō (MH: annus) ● Eo anno multi homines vitam amiserunt. ● eo anno – ea hora – ea nocte ● Dieses Jahr bemühe ich mich, den Lehrern zu gehorchen.	in diesem Jahr ● In diesem Jahr verloren viele Menschen ihr Leben. ● in diesem Jahr – in / zu dieser Stunde – in dieser Nacht ● Eo anno magistris parere studeo.
tamen ● Discipuli tacebant; tamen non studebant. ● Hercules, quamquam gaudebat, tamen non risit. ● Dennoch müsst ihr das tun.	dennoch, jedoch ● Die Schüler schwiegen; sie studierten jedoch nicht. ● Obwohl Herkules sich freute, lachte er dennoch nicht. ● Tamen id facere debetis.
nocte (MH: nox) ● Nocte Hercules monstrum temptavit.	nachts ● Herkules griff das Ungeheuer nachts an.
paulō post ● Discipuli iam exspectabant. Paulo post autem magister intravit.	(ein) wenig später ● Die Schüler warteten bereits. Ein wenig später aber trat der Lehrer ein.
prohibēre, prohibeō (ā) *m. Abl.* ● (a) lacrimis prohibere ● Pater furem a liberis prohibuit. ● Haltet ihn von der Stadt ab!	abhalten von, hindern an ● von (den) Tränen abhalten, am Weinen hindern ● Der Vater hielt den Dieb von den Kindern ab. ● Ab urbe / oppido eum prohibete!
ostendere, ostendō, **ostendī** ● Amicus viam ostendit. ● Heri amici mihi forum ostenderunt. ● Heute zeigen die Freunde mir die Tempel.	zeigen, erklären ● Der Freund zeigt / zeigte (!) den Weg. ● Gestern zeigten die Freunde mir das Forum. ● Hodie amici mihi templa ostendunt.
servāre (ā *m. Abl.*) (MH: Kon-serve) ● servare a periculo ● Hercules multos amicos a morte servavit. ● Rettet euch vor der Gefahr!	bewahren (vor), retten (vor) ● vor der Gefahr retten ● Herkules bewahrte viele Freunde vor dem Tod. ● Servate vos a periculo!
prīmā lūce (MH: primus, lux) ● Fures non nocte, sed prima luce venerunt.	bei Tagesanbruch ● Die Diebe kamen nicht nachts, sondern bei Tagesanbruch.
eā hōrā ● Dominus in foro erat. Ea hora fures villam intraverunt.	in dieser Stunde ● Der Herr war auf dem Marktplatz. In dieser Stunde betraten die Diebe das Haus.

31

Der AcI hängt in der Regel von Verben des Sagens und Sprechens, des Denkens und Meinens, des Fühlens und Wahrnehmens usw. ab. Markiere diese Verben in den Vokabellernlisten mit einem roten Ausrufezeichen.

Trōiānus, a, um	trojanisch; *Subst.* der Trojaner, der Einwohner von Troja
Graecus, a, um ● Troiani cum Graecis decem annos pugnabant.	griechisch; *Subst.* der Grieche ● Die Trojaner kämpften zehn Jahre lang mit den Griechen.
putāre, putō ● „Quid putas?" – „Id puto." ● Puto patrem venire. ● Sie glauben das nicht.	glauben, meinen ● „Was glaubst du?" – „Das glaube ich." ● Ich glaube, dass der Vater kommt. ● Id non putant.
certē / certō *Adv.* (MH: Zerti-fikat) ● Certe id scis. ● Homines certe auxilio Herculis gaudebant. ● Gewiss hast du das nicht getan.	gewiss, sicherlich ● Sicherlich weißt du das. ● Die Menschen freuten sich sicherlich über die Hilfe des Herkules. ● Certe id non fecisti.
bellum ● bellum parare ● Mulieres bellum timuerunt. ● Ich war im Krieg Sieger.	der Krieg ● den Krieg vorbereiten / zum Krieg rüsten ● Die Frauen fürchteten (den) Krieg. ● Victor belli / in bello eram / fui.
paulātim *Adv.* ● Filius paulatim surgebat. ● Homines urbem non statim, sed paulatim reliquerunt. ● Er steigt allmählich herab.	allmählich ● Der Sohn stand allmählich auf. ● Die Menschen verließen die Stadt nicht sofort, sondern allmählich. ● Paulatim descendit.
cēdere, cēdō, cessī ● ex urbe cedere ● Senatores potestati imperatoris cesserunt. ● Der Lehrer gibt den Schülern nach.	gehen, nachgeben, weichen ● aus der Stadt gehen / weichen ● Die Senatoren wichen der Macht des Kaisers. ● Magister discipulis cedit.
petere, petō, **petīvī** ● Graeci oram petiverunt. ● Troianus auxilium petivit. ● Ihr habt Geld verlangt.	aufsuchen, (er)streben, bitten, verlangen ● Die Griechen suchten die Küste auf. ● Der Trojaner erbat Hilfe. ● Pecuniam petivistis.

cōnsistere, cōnsistō, cōnstitī	stehenbleiben, haltmachen, sich aufstellen
• Ante statuam constiti.	• Vor der Statue bin ich stehengeblieben.
• Homines in ora constiterunt.	• Die Menschen blieben an der Küste stehen.
• du bist stehengeblieben	• constitisti
alius, alia, aliud	ein anderer
• aliae voces	• andere Stimmen / Äußerungen
• Frater meus alios amicos habet quam ego.	• Mein Bruder hat andere Freunde als ich.
• Ich habe einen anderen Plan gefasst.	• Aliud consilium cepi.
animadvertere, animadvertō, animadvertī *m. AcI / Akk.*	bemerken
• Id animadverto.	• Das bemerke ich.
• Animadverto patrem venisse.	• Ich bemerke, dass der Vater gekommen ist.
• Was habt ihr bemerkt?	• Quid animadvertistis?
honestus, a, um (MH: honor)	ehrenhaft, angesehen
• viri honesti	• angesehene Männer
• Puto magistrum virum honestum esse.	• Ich glaube, dass der Lehrer ein ehrenhafter Mann ist.
• Herkules war ein ehrenhafter Sieger.	• Hercules victor honestus erat / fuit.
cōnstat *m. AcI*	es ist bekannt, es steht fest
• Constat Herculem hominibus adfuisse.	• Es ist bekannt, dass Herkules den Menschen half.
• Constat Graecos urbem cepisse.	• Es steht fest, dass die Griechen die Stadt erobert haben.
• Es ist bekannt, dass der Lehrer gerne Wein trinkt.	• Constat magistrum libenter vinum bibere.

32

Sicherlich ist dir schon aufgefallen, dass die lateinischen Reflexiva immer mit „s" beginnen: se, suus ... Aber Achtung bei Reflexivpronomina im AcI! Sie beziehen sich auf das Subjekt des Satzes bzw. auf das im Prädikat versteckte Subjekt.

cīvis, cīvis *m* (*Gen. Pl.* **-ium**) (MH: Zivilist, civitas)	der Bürger
• Civis Romanus sum.	• Ich bin ein römischer Bürger.
• Dido civibus imperat.	• Dido herrscht über die Bürger.
• Wer sorgt für die Bürger?	• Quis cives curat?

sibi *Dat.*
- Aeneas sibi novam patriam petit.
- Aeneas dicit id sibi placere.
- Dido sagt, dass dies **ihr** gefällt.

sich (im AcI: ihm / ihr / ihnen)
- Äneas erstrebt (für) **sich** eine neue Heimat.
- Äneas sagt, dass dies **ihm** gefällt.
- Dido id sibi placere dicit.

---

quaerere, quaerō, quaesīvī
- Aeneas uxorem quaerit.
- Aeneas sibi et filio patriam novam quaesivit.
- suchen und finden

erwerben wollen, suchen, fragen
- Äneas sucht (s)eine Frau.
- Äneas suchte für sich und seinen Sohn eine neue Heimat.
- quaerere et invenire

---

sēcum (MH: me-cum / te-cum)
- Sceleratus gladium secum habet.
- Mulieres filios secum traxerunt.
- Warum hat er Geld bei sich?

mit sich, bei sich
- Der Verbrecher hat ein Schwert bei sich.
- Die Frauen schleppten die Söhne mit sich.
- Cur pecuniam secum habet?

---

cōgitāre, cōgitō
- Vir diu secum cogitavit.
- Vir cogitat Romam petere.
- Ich denke über deine Worte (nach).

denken, beabsichtigen
- Der Mann dachte lange (bei sich) nach.
- Der Mann beabsichtigt, Rom aufzusuchen.
- De verbis tuis cogito.

---

pius, a, um (MH: Pia / Papst Pius)
- Aeneas pius
- Viri pii officia sua praestant.
- Kennst du etwa nicht pflichtbewusste Schüler?

fromm, gerecht, pflichtbewusst
- der fromme / pflichtbewusste Äneas
- Gerechte Männer leisten ihre Pflichten.
- Nonne discipulos pios scis?

---

convenīre, conveniō, convēnī
(MH: cum + venire)
- „Convenite, discipuli!"
- Aeneas amicam semper convenire voluit.
- Sie haben ihre Freunde besucht.

zusammenkommen, zusammenpassen, besuchen
- „Kommt zusammen, Schüler!"
- Äneas wollte immer seine / die Freundin besuchen.
- Amicos (suos) convenerunt.

---

marītus (MH: e. *to marry*)
- Unterscheide: mulier – uxor – vir – maritus
- Dido existimat Aeneam maritum suum esse.
- Wo ist dein Ehemann?

der Ehemann
- Frau – Ehefrau – Mann – Ehemann
- Dido meint, dass Äneas ihr Ehemann ist / sei.
- Ubi tuus maritus est?

---

vīvere, vīvō, vīxī (MH: vita)
- Unterscheide: vincere, vici – vivere, vixi
- Maritus vitam non amisit, sed adhuc vivit.
- Sie haben nicht mehr gelebt.

leben
- siegen, ich habe gesiegt – leben, ich habe gelebt
- Der Ehemann hat sein Leben nicht verloren, sondern lebt noch.
- Non iam vixerunt / vivebant.

oportet *m. AcI* ● Te venire oportet. ● Aeneam oportuit Didonem relinquere. ● Die Schüler müssen gut studieren.	es gehört sich, es ist nötig ● Es ist nötig, dass du kommst. (= Du musst kommen.) ● Äneas musste Dido verlassen. ● Discipulos oportet bene studere.
fīnis, fīnis *m* (*Gen. Pl.* **-ium**) (MH: Finale) ● Dido vitae suae finem facit. ● Nam Aeneas fines Carthaginis reliquit. ● Wir erwarten das Ende der Spiele.	das Ende, die Grenze, das Ziel, der Zweck; *Pl.* das Gebiet ● Dido beendet ihr Leben. ● Denn Äneas hat das Gebiet Karthagos verlassen. ● Finem ludorum exspectamus.

33

Achtung, Verwechslungsgefahr! Schau bei caedere und cadere bzw. occīdere und occidere genau hin!

mūnīre, mūniō ● urbem munire ● Latini urbem muris altis muniverant. ● Schützt das Haus!	bauen, befestigen, schützen ● die Stadt befestigen / schützen ● Die Latiner hatten die Stadt mit hohen Mauern befestigt. ● Tectum / Villam munite!
circum *Präp. m. Akk.* ● muros circum urbem munire ● Servi circum dominum constiterant. ● Um das Haus herum sind Mauern.	rings um, um ... herum ● Mauern um die Stadt herum bauen ● Die Sklaven waren rings um den Herrn stehengeblieben. ● Muri circum tectum / villam sunt.
spērāre, spērō ● Id speramus. ● Spero te officia praestare posse. ● Was hattest du erwartet / erhofft?	erwarten, hoffen ● Dies erwarten / erhoffen wir. ● Ich hoffe, dass du die Pflichten leisten kannst. ● Quid speraveras?
dēspērāre, dēspērō (MH: de, sperare) ● de salute desperare ● Aeneas numquam desperabat. ● Wir hofften. Ihr hattet die Hoffnung schon aufgegeben.	die Hoffnung aufgeben, verzweifeln ● die Hoffnung auf Rettung aufgeben ● Äneas gab die Hoffnung niemals auf. ● (Nos) sperabamus / speravimus. (Vos) iam desperaveratis.

dēmōnstrāre, dēmōnstrō (MH: demonstrieren) ● virtutem suam demonstrare ● Ut iam antea demonstravi. ● Beweise dein Engagement!	beweisen, darlegen ● seine Tapferkeit beweisen ● Wie ich schon vorher bewiesen habe. ● Demonstra studium (tuum)!
audācia ● Bilde den Gen. und Abl. Sg. von audacia et virtus. ● Turnus audaciam suam saepe demonstraverat. ● Der Lehrer bemerkt die Frechheit der Schüler.	die Frechheit, die Kühnheit ● audaciae et virtutis / audacia et virtute ● Turnus hatte seine Kühnheit oft bewiesen. ● Magister audaciam discipulorum animadvertit.
violāre, violō ● Aeneas Turnum gladio violavit. ● Fures templum violaverant. ● Die (wilden) Tiere hatten den Gladiator verwundet.	verwunden, verletzen, entehren ● Äneas verletzte Turnus mit dem Schwert. ● Die Diebe hatten den Tempel entehrt. ● Bestiae gladiatorem violaverant.
ferrum ● Turnus ferrum Aeneae non timuit. ● Ferrum Turni in terram ceciderat. ● Romani arma e ferro faciunt.	das Eisen; die Waffe ● Turnus fürchtete die Waffe des Äneas nicht. ● Die Waffe des Turnus war auf die Erde gefallen. ● Die Römer stellen ihre Waffen aus Eisen her.
surgere, surgō, **surrēxī** ● Turnus non iam surrexerat.	aufrichten; sich erheben, aufstehen ● Turnus war nicht mehr aufgestanden.
caedere, caedō, cecīdī ● cadere, cado, cecidi ↔ **cae**dere, caedo, cecidi ● Aeneas Turnum ceciderat. ● Du kannst mich nicht töten.	fällen, töten ● fallen ↔ „**fae**llen" / fällen ● Äneas hatte Turnus getötet. ● Me caedere non potes.
dōnāre, dōnō (MH: donum) ● vitam donare ● Dona (mihi multa) dona! ● Er hatte ihr Geld geschenkt.	schenken ● das Leben schenken ● Schenke (mir viele) Geschenke! ● (Is) Ei pecuniam donaverat.
venia ● veniam petere ● Aeneas Turno veniam non dedit. ● Unterscheide: veni – venia – venis – venisti	der Gefallen; die Nachsicht, die Verzeihung ● einen Gefallen / Nachsicht erbitten ● Äneas hat dem Turnus keine Verzeihung gegeben / gewährt. ● Komm! *oder* Ich bin gekommen. – Nachsicht – du kommst – du bist gekommen
quidem *Adv.* ● Aeneas quidem Turno veniam non dedit. ● Tu quidem id comprehendisti. ● Ich bin zwar ein Junge, ich weiß aber viele Wörter.	freilich, gewiss, wenigstens, zwar ● Äneas freilich schonte Turnus nicht. ● Du wenigstens hast das begriffen. ● Puer quidem sum, sed multa verba scio.

occīdere, occīdo, occīdī — niederschlagen, töten

- occidere, occido, occidi ↔ occīdere, occīdo, occīdi — zu Boden fallen, umkommen, untergehen ↔ niederschlagen, töten
- Aeneas Turnum occiderat. — Äneas hatte Turnus getötet.
- er ist untergegangen ↔ sie hat getötet — óccidit ↔ occídit

34

Bei den lateinischen Adjektiven musst du dir nicht nur eine Form einprägen, sondern alle. Denn nur so erkennst du die drei Geschlechter (Genera), z. B. acer (*m*) – acris (*f*) – acre (*n*)

ācer, ācris, ācre — energisch, heftig, scharf

- Ii gladii acres sunt. — Diese Schwerter sind scharf.
- Cives pugnas acres timebant. — Die Bürger fürchteten heftige Kämpfe.
- ein scharfer Verstand — ingenium acre

bibere, bibō, **bibī** — trinken

- Pater vinum libenter bibit. — Der Vater trinkt / trank gerne Wein.
- Nuntius aquam biberat. — Der Bote hatte Wasser getrunken.
- bibere → 3. Pers. Pl. → Perfekt → Plusquamperfekt — bibere → bibunt → biberunt → biberant

pellere, pellō, pepulī — stoßen, schlagen, (ver)treiben

- Frater sororem pellit. — Der Bruder stößt / schlägt die Schwester.
- Hercules sceleratos ex urbe pepulerat. — Herkules hatte die Verbrecher aus der Stadt vertrieben.
- Warum habt ihr die wilden Tiere nicht vertrieben? — Cur bestias non pepulistis?

celer, celeris, celere — schnell

- equi celeres — schnelle Pferde
- Turnus mortem celerem non timuit. — Turnus fürchtete einen raschen Tod nicht.
- Die Tiere suchten in schneller Flucht den Wald auf. — Bestiae fuga celeri silvam petiverunt / petebant.

tamquam — *Adv.* wie – *Subj.* wie wenn, als ob

- Magister discipulos tamquam liberos amat. — Der Lehrer liebt die Schüler wie seine Kinder.
- Servus avo semper adfuit tamquam umbra. — Der Sklave war immer beim Großvater wie ein Schatten.
- Ihr wohnt hier wie in einer Villa. — Hic habitatis tamquam in villa.

sīgnum (MH: Signal / e. *sign*)	das Merkmal, das Zeichen; die Statue
• oculis signum dare	• mit den Augen ein Zeichen geben
• Aeneas signum pugnae dedit.	• Äneas gab das Zeichen (des) zum Kampf(es).
• Statuen des Gottes Jupiter	• signa Iovis dei
iuvenis, iuvenis *m*	der junge Mann; *Adj.* jung
• Non iam puer, sed iuvenis sum.	• Ich bin kein Junge mehr, sondern (schon) ein junger Mann.
• Ingenium eorum iuvenum acre erat.	• Der Verstand dieser jungen Männer war scharf.
• König Augias war nicht mehr jung.	• Augias rex iuvenis non iam fuit / erat.
comes, comitis *m/f*	der (die) Begleiter(in), der Gefährte, die Gefährtin
• Romulus comitibus adfuerat.	• Romulus hatte seinen Gefährten geholfen.
• Comites Romuli cum comitibus Remi pugnabant.	• Die Gefährten des Romulus kämpften mit den Gefährten des Remus.
• „Sorge für deine Begleiter!"	• „Comites (tuos) cura!"
mīles, mīlitis *m* (MH: Militär)	der Soldat
• Romulus cunctos milites vicit.	• Romulus besiegte alle Soldaten.
• Milites sceleratos ex oppido pepulerunt.	• Die Soldaten vertrieben die Verbrecher aus der Stadt.
• „Kämpft wie gute Soldaten!"	• Pugnate tamquam / ut boni milites!
repellere, repellō, reppulī	zurückstoßen, abweisen, vertreiben
• Pater filium repellere non debet.	• Ein Vater soll / darf seinen Sohn nicht zurückstoßen.
• Puella pulchra cunctos iuvenes reppulit.	• Das schöne Mädchen wies alle jungen Männer ab.
• Warum habt ihr den Dieb nicht vertrieben?	• Cur furem non reppulistis?

35

Eselsbrücken helfen dir, dir bestimmte Wörter besser einzuprägen. Finde eigene Eselsbrücken und notiere sie neben dem Lernwort, z. B.: Die Miene des **Defensivspielers** war recht **trist**, weil er während des Spiels auf den **Locus** musste.

locus	der Ort, der Platz, die Stelle
• Ubi est is locus?	• Wo ist d(ies)er Ort?
• Amici alio (in) loco latent.	• Die Freunde sind an einem anderen Ort verborgen.
• an einem sonderbaren Ort	• miro (in) loco

ūnus, a, um **ūnus ē / ex** *m. Abl.* • unus ex amicis • Unus e furibus (de) loco cesserat. • Einen einzigen Senator sehe ich.	einer, ein einziger einer von • einer von den Freunden • Ein einziger von den Dieben war vom Platz gewichen. • Unum senatorem / unum e senatoribus video.
fortis, e (MH: *piano et forte* ~ leise und laut) • Setze viri fortes in Gen. und Dat. Pl. • Hercules animum fortem praestitit. • Die kräftigen Sklaven arbeiten auf den Feldern.	kräftig, tapfer • tapfere Männer → virorum fortium / viris fortibus • Herkules zeigte einen tapferen Geist / Tapferkeit. • Servi fortes in campis / agris laborant.
trīstis, e • vita tristis • Puellas tristes non amo. • Ich freue mich nicht, sondern bin traurig.	traurig, unfreundlich • ein trauriges Leben • Unfreundliche Mädchen liebe ich nicht. • Non gaudeo, sed tristis sum.
dēfendere, dēfendō, dēfendī (**ā** *m. Abl.*) • patriam defendere • Milites patriam a sceleratis defenderunt. • Verteidigt die Gefährten!	abwehren, verteidigen (vor / gegen) • die Heimat verteidigen • Die Soldaten verteidigten die Heimat vor Verbrechern. • Defendite comites!
trēs, trēs, tria • tres amici – tres amicae – tria monstra • Romulus cum tribus sceleratis pugnavit. • Nicht einen, nicht zwei, sondern drei Freunde habe ich.	drei (III) • drei Freunde – drei Freundinnen – drei Ungeheuer • Romulus kämpfte mit drei Verbrechern. • Non unum (amicum), non duos, sed tres amicos habeo.
accūsāre, accūsō (MH: Akkusativ) • Magistrum discipuli accusant. • Discipuli magistrum propter facta eius mala accusaverant. • Warum habt ihr ihn / diesen angeklagt?	anklagen, beschuldigen • Die Schüler klagen den Lehrer an. • Die Schüler hatten den Lehrer wegen seiner schlechten Taten angeklagt. • Cur eum accusavistis?
turpis, e • tectum tam turpe • Facta Amulii regis profecto turpia erant. • unanständige Menschen	unanständig, hässlich, schändlich • ein so hässliches Haus • Die Taten des Königs Amulius waren sicherlich schändlich. • homines turpes

postquam *Subj.*	nachdem, als
● Unterscheide genau: post – postea – postquam	● hinter, nach (*Präp.*) – nachher, später (*Adv.*) – nachdem, als (*Subj.*)
● Pater, postquam clamavit, verbis suis doluit.	● Nachdem der Vater geschrien hatte, war er über seine Worte traurig.
● Nachdem ich dich gelobt hatte (!), freutest du dich.	● Postquam te laudavi (!), gaudebas.
dulcis, e (MH: i. *la dolce vita*)	angenehm, süß
● voce dulci dicere	● mit süßer / angenehmer Stimme sprechen
● Verba tua dulcia libenter audio.	● Deine süßen Worte höre ich gerne.
● Wir haben süßen Wein getrunken.	● Vinum dulce bibimus.
crūdēlis, e (MH: e. *cruel*)	grausam
● Amulius vir crudelis erat.	● Amulius war ein grausamer Mann.
● Sceleratus populum factis crudelibus terruit.	● Der Verbrecher erschreckte das Volk durch grausame Taten.
● Wer war so grausam wie der König?	● Quis tam crudelis erat / fuit quam rex?
omnis, e (MH: Omnibus)	jeder, ganz; *Pl.* alle
● Omnes discipuli id sciunt.	● Alle Schüler wissen dies.
● Is vir omnibus hominibus placet.	● Dieser Mann gefällt allen Menschen / Leuten.
● Ich kenne alle Taten des Herkules.	● Omnia facta Herculis scio.

36

Präge dir die Formen von qui, quae, quod gut ein, da viele Pronomina, die du noch lernen wirst, ganz ähnliche Formen aufweisen. Vielleicht kannst du die Formen ja zu einer dir bekannten Liedmelodie singen (z. B. zu Hopp, hopp, hopp, Pferdchen lauf Galopp!)?

quī, quae, quod	welcher, welche, welches; der, die, das
● vir, qui – soror, quae – monstrum, quod	● der Mann, der – die Schwester, die – das Ungeheuer, das
● Magister, quem ibi vides, me docuit.	● Der Lehrer, den du dort siehst, hat mich unterrichtet.
● Der junge Mann, der mir ein Geschenk gab, liebt mich.	● (Is) Iuvenis, qui mihi donum dedit, me amat.

idōneus, a, um ● loci idonei ● Verba idonea invenire non potui. ● Der Kaiser rief die geeigneten Männer zu sich.	geeignet, passend ● geeignete Orte ● Ich konnte die passenden Worte nicht finden. ● Imperator viros idoneos ad se vocavit / vocabat.
dēligere, dēligō, dēlēgī (MH: Delegation) ● locum, qui idoneus est, deligere ● Imperator viros idoneos delegit. ● „Wählt die passenden Worte!"	(aus)wählen ● einen Ort wählen, der geeignet ist ● Der Kaiser wählte die geeigneten Männer aus. ● „Deligite verba idonea!"
condere, condō, condidī ● pecuniam condere ● Quis nescit Romulum Romam condidisse? ● Romulus gründete die Mauern Roms.	verwahren, verbergen; erbauen, gründen ● Geld verwahren ● Wer weiß nicht, dass Romulus Rom gegründet hat? ● Romulus muros Romae condidit.
maximē *Adv.* (MH: Maximum) ● Id mihi maxime placet. ● Id consilium est, quod maxime probo. ● Diese Speise liebe ich besonders.	am meisten, besonders ● Das gefällt mir besonders. ● Das ist der Rat, den ich besonders für gut befinde. ● Eum cibum maxime amo.
opportūnus, a, um ● loci opportuni ● Ea nox ad fugam / fugae (Dat.) opportuna est. ● geeignete Zeichen auswählen	geeignet, günstig ● geeignete Orte ● Diese Nacht ist günstig für die Flucht / zur Flucht. ● signa opportuna deligere
nātūra ● natura loci ● Tam crudelis natura hominis esse potest. ● Kennst du das Wesen dieses Mannes?	die Natur, das Wesen, die Beschaffenheit ● die Natur / die Beschaffenheit des Ortes ● So grausam kann das Wesen des Menschen sein. ● Scisne naturam eius viri?
multum *Adv.* ● multum valere ● Is senator apud imperatorem multum valet. ● Der Sklave arbeitet viel.	sehr, viel ● großen Einfluss haben ● Dieser Senator hat beim Kaiser großen Einfluss. ● Servus multum laborat.
contendere, contendō, contendī ● armis contendere ● Contendo te (id) bene fecisse. ● Die Freunde eilen zur Stadt.	sich anstrengen, kämpfen; eilen; behaupten ● mit Waffen kämpfen ● Ich behaupte, dass du das gut gemacht hast. (AcI!) ● Amici ad oppidum / urbem contendunt.
accipere, accipiō, accēpī (MH: akzeptieren) ● Omnes id accipiunt. ● Ut ab Homero accepimus, Graeci Troianos vicerunt. ● Ich habe ein großes Unrecht erfahren.	erhalten, erfahren, annehmen ● Alle nehmen das an / akzeptieren das. ● Wie wir von Homer erfahren haben, haben die Griechen die Trojaner besiegt. ● Magnam iniuriam accepi.

37

Gerade bei den sogenannten kleinen Wörtern wie et kannst du leicht Flüchtigkeitsfehler machen. Schau dir deshalb v. a. die Beispiele zu et und et ... et gut an.

et ... et	sowohl ... als auch
Marcus et Tullius adsunt.	Marcus und Tullius sind da.
Et Quintus mox aderit.	Auch Quintus wird bald da sein.
Mox et Iulia et Tullia aderunt.	Sowohl Julia als auch Tullia werden bald da sein.
arcessere, arcessō, arcessīvī	herbeirufen, holen
milites arcessere	die Soldaten herbeirufen / holen
Milites, quos Remus arcessiverat, mox aderant.	Die Soldaten, die Remus herbeigerufen hatte, waren bald da.
„Ruft die Gefährten herbei!"	„Arcessite comites!“
commūnis, e (MH: Kommunion, Kommunikation)	gemeinsam, allgemein
vita communis	(ein) gemeinsames Leben
Romulus dicit: „Salutem communem servabo.“	Romulus sagt: „Ich werde das gemeinsame Glück / das Gemeinwohl bewahren."
gemeinsame Interessen (*Plural*)	studia communia
tūtus, a, um	sicher
Vita nostra tuta erit.	Unser Leben wird sicher sein.
Homines in bello numquam tuti erunt.	Die Menschen werden im Krieg niemals sicher sein.
Ich suche einen sicheren Platz auf.	Locum tutum peto.
hostis, hostis *m* (*Gen. Pl.* **-ium**)	der Feind (der Landesfeind)
Is vir non amicus, sed hostis est.	Dieser Mann ist nicht ein (= kein) Freund, sondern ein Feind.
Romani hostes a Roma prohibebunt.	Die Römer werden die Feinde von Rom abhalten.
Ihr kämpft mit den Feinden.	Cum hostibus pugnatis.
occupāre, occupō (MH: okkupieren)	besetzen, einnehmen
eum locum opportunum occupare	diesen geeigneten Ort / Platz besetzen
Hostes urbem nostram numquam occupabunt.	Die Feinde werden unsere Stadt niemals einnehmen.
Wirst du diesen Platz besetzen können?	Poterisne eum locum occupare?
quemadmodum	auf welche Weise, wie
sic / ita ... quemadmodum	so ... wie
Sic studebimus, quemadmodum semper studuimus.	Wir werden uns so bemühen, wie wir uns immer bemüht haben.
Wie wirst du uns retten?	Quemadmodum nos servabis?

fortūna (MH: Fortuna Düsseldorf)	das Schicksal, das Glück
● Fortuna mala nos exspectat.	● Ein schlimmes Schicksal erwartet uns.
● Fortuna tua gaudeo.	● Ich freue mich über dein Glück.
● Du bist ein Glückskind (= Sohn des Glücks).	● Filius fortunae es.
glōria (MH: glorreich / e. *glory*)	der Ruhm, die Ehre
● magnam gloriam habere	● großen Ruhm besitzen
● Multi homines gloriam petunt.	● Viele Menschen erstreben Ruhm.
● Gloria in excelsis (= Höhe) deo!	● Ehre (sei) Gott in der Höhe!
inānis, e	leer, wertlos
● Saepe gloria inanis est.	● Oft ist Ruhm wertlos.
● Verba inania dixisti.	● Wertlose / Leere Worte hast du gesprochen.
● Deine Anstrengungen werden wertlos sein.	● Tui labores inanes erunt.
crēdere, crēdō, crēdidī (MH: Credo ~ Glaubensbekenntnis)	glauben, anvertrauen
● in deum credere	● an Gott glauben
● Credo te verba inania dixisse.	● Ich glaube, dass du leere Worte gesprochen hast.
● Ich habe dem Freund Geld anvertraut.	● Amico pecuniam credidi.

38

Viele kirchliche Begriffe können dir dabei helfen, dir die lateinischen Wörter besser zu merken. Umgekehrt helfen dir die lateinischen Wörter, diese kirchlichen Begriffe besser zu verstehen: z. B. Kommunion – Gloria – Credo – Konfirmation usw.

cūra (MH: curare / auf Kur gehen)	die Pflege, die Sorge
● Magna cura matrem torquet.	● Große Sorge quält die Mutter.
● Mater id non sine cura vidit.	● Das hat die Mutter nicht ohne Sorge gesehen.
● Die Sorgen der Mutter sind groß.	● Curae matris magnae sunt.
quandō? (MH: „Sag mir *quando*, sag mir wann!")	wann?
● Quando venistis?	● Wann seid ihr gekommen?
● Quando ad urbem venietis?	● Wann werdet ihr zur Stadt kommen?
● wer? – was? – wann?	● quis? – quid? – quando?

beātus, a, um (MH: Beate) ● vita beata ● Quando magister discipulos beatos videre poterit? ● glückliche Menschen	glücklich, reich ● ein glückliches Leben ● Wann wird der Lehrer glückliche Schüler sehen können? ● homines beati
aestās, aestātis *f* ● Aestas mihi maxime placet. ● Aestate enim sol nos delectat. ● Bald wird der Sommer da sein.	der Sommer ● Der Sommer gefällt mir am meisten / besonders. ● Im Sommer erfreut uns nämlich die Sonne. ● Aestas mox aderit.
vītam agere ● vitam beatam agere ● Hostes vitam tristem agent. ● Du führst nicht ein (= kein) trauriges, sondern ein glückliches Leben.	ein Leben führen, leben ● ein glückliches Leben führen / glücklich leben ● Die Feinde werden ein trauriges Leben führen. ● Vitam non tristem, sed beatam agis.
mōs, mōris *m* (MH: Moral) ● de moribus Romanis narrare ● vitam more antiquo agere ● ein guter Charakter	die Sitte, der Brauch; *Pl.* der Charakter ● von den römischen Sitten / Bräuchen erzählen ● nach altem Brauch sein Leben führen ● boni mores
cōnfirmāre, cōnfirmō (MH: Konfirmation) ● Magister animos discipulorum confirmat. ● Vos confirmavi, confirmo, semper confirmabo. ● Der Großvater ermutigt die traurigen Sklaven.	bekräftigen, ermutigen, stärken ● Der Lehrer ermutigt die (Geister der) Schüler. ● Ich habe euch ermutigt, ermutige euch und werde euch immer ermutigen. ● Avus servos tristes confirmat.
omittere, omittō, omīsī (MH: mittere) ● Omnes curas omittemus. ● Omisi consilia mea. ● „Gebt euren schändlichen Plan auf, Feinde!"	aufgeben, beiseite lassen ● Wir werden alle Sorgen beiseite lassen. ● Ich habe meine Pläne aufgegeben. ● „Omittite consilium turpe, hostes!“
aperīre, aperiō, aperuī (MH: Aperitif) ● Portam aperire non licet. ● Consilium meum nunc tibi aperiam. ● Wann wirst du endlich deine Augen öffnen?	aufdecken, öffnen ● Es ist nicht erlaubt, das Tor zu öffnen. ● Ich werde dir nun meinen Plan aufdecken. ● Quando tandem oculos (tuos) aperies?

39

Amerikanische Psychologen wollen herausgefunden haben, dass man vor dem Lernen die rechte Hand fest ballen soll. Zum Wörterabrufen wird dann die linke Hand geballt. Probier es aus!

gerere, gerō, gessī	ausführen, führen, tragen
● bellum gerere	● Krieg führen
● Si id negotium bene gesseris, te laudabo.	● Wenn du diese Angelegenheit / dieses Geschäft gut ausführst, werde ich dich loben.
● Der Soldat trägt Waffen.	● Miles arma gerit.
stultus, a, um	dumm
● Magister dicit discipulos stultos non esse.	● Der Lehrer sagt, dass die Schüler nicht dumm sind / seien.
● Sed stultum est id dicere.	● Aber es ist dumm, dies zu sagen.
● Wer ist so dumm?	● Quis tam stultus est?
ergō *Adv.*	also, deshalb
● „Stulti estis. Studere ergo debetis."	● „Ihr seid dumm. Ihr müsst also studieren."
● „Studere debetis. Verba ergo mea audite!"	● „Ihr müsst studieren. Hört also meine Worte!"
● Cogito, ergo sum.	● Ich denke, also bin ich.
cōpia	die Menge, der Vorrat, die Möglichkeit; *Pl.* die Truppen
● copia fugae	● die Möglichkeit der / zur Flucht
● Si Romani copias auxerint, pugnabunt.	● Wenn die Römer die Truppen vergrößert haben, werden sie kämpfen.
● Ich fürchte die römischen Truppen.	● Copias Romanas timeo.
resistere, resistō, restitī	stehenbleiben; Widerstand leisten
● „Resistite, amici!"	● „Bleibt stehen, Freunde!"
● Si cum Romanis pugnaveritis, ii non diu resistent.	● Wenn ihr mit den Römern kämpft, werden sie nicht lange Widerstand leisten.
● Die Schüler leisten den Worten des Lehrers Widerstand.	● Discipuli verbis magistri resistunt.
praemium (MH: Prämie)	die Belohnung, der Lohn
● praemium accipere	● eine Belohnung erhalten
● Praemium accipies, si negotium bene gesseris.	● Du wirst den Lohn erhalten, wenn du die Aufgabe gut ausgeführt hast / ausführst.
● Die Soldaten erhalten große Belohnungen.	● Milites magna praemia accipiunt.
appetere, appetō, appetīvī (MH: Appetit)	erstreben, haben wollen; angreifen
● multos cibos appetere	● viele Speisen haben wollen
● Etiam Remus imperium appetiverat.	● Auch Remus hatte die Herrschaft erstrebt.
● Die Truppen greifen die Stadt an.	● Copiae urbem / oppidum appetunt.
concēdere, concēdō, concessī (MH: Konzessivsatz)	erlauben, nachgeben, zugestehen
● praemium concedere	● eine Belohnung zugestehen
● Dominus servo libertatem concessit.	● Der Herr gestand dem Sklaven die Freiheit zu.
● Ich erlaube dir das nicht.	● Id tibi non concedo.

aureus, a, um	golden, aus Gold
● ornamentum aureum	● ein goldenes Schmuckstück
● Non solum puellae ornamenta aurea appetunt.	● Nicht nur Mädchen wollen goldene Schmuckstücke haben.

40

Wie wichtig es ist, sich beim Wörterlernen die Genitivendungen einzuprägen, siehst du an den folgenden Wörtern: ludus, salus, metus. Die Nominativendungen sehen zwar alle gleich aus, jedes Wort gehört aber zu einer anderen Deklination. Das merkst du jedoch erst am Genitiv: ludi (o-Dekl.), salutis (kons. Dekl.) und metūs (u-Dekl.).

metus, metūs *m*	die Angst
● Metus populi magnus erat.	● Die Angst des Volkes war groß.
● Cives magno in metu vivebant.	● Die Bürger lebten in großer Angst.
● Setze magnus metus in den Gen. Sg. und Pl.	● magni metūs → magnorum metuum
superbus, a, um	stolz, überheblich
● homines superbi	● stolze / überhebliche Menschen
● Quis homines superbos amat?	● Wer liebt stolze / überhebliche Menschen?
● Diese Frau ist überheblich.	● Ea mulier superba est.
gemitus, gemitūs *m*	das Seufzen, die Traurigkeit
● Magister: „Gemitum vestrum audio, discipuli."	● Der Lehrer (sagt): „Ich höre euer Seufzen, Schüler."
● Discipuli enim magno cum gemitu laborabant.	● Die Schüler arbeiteten nämlich mit großem Seufzen.
● Der Lehrer bemerkt das Seufzen der Schüler.	● Magister gemitum discipulorum animadvertit.
portus, portūs *m* (MH: Air-port, Car-port)	der Hafen
● portum petere	● den Hafen aufsuchen
● equos e portu deducere	● die Pferde aus dem Hafen wegführen
● „Siehst du den Hafen, Vater?"	● „Videsne portum, pater?"
pertinēre, pertineō ad *m. Akk.*	betreffen, gehören (zu), sich erstrecken (bis)
● Ea verba ad me pertinent.	● Diese Worte betreffen mich.
● Id profecto ad negotia mea pertinet.	● Dies gehört sicherlich zu meinen Aufgaben.
● Das Feld erstreckt sich bis zum Wald.	● Campus / Ager ad silvam pertinet.

vultus, vultūs *m*	das Gesicht, der Gesichtsausdruck; *Pl.* die Gesichtszüge
● Vultus tuus tristis est.	● Dein Gesicht(sausdruck) ist traurig.
● Tarquinius Brutum vultu superbo ridet.	● Tarquinius verlacht Brutus mit überheblichem Gesicht(sausdruck).
● Du hast ein schönes Gesicht.	● Vultum pulchrum habes. / Tibi vultus pulcher est.
manus, manūs *f* (MH: manuell, Maniküre, Manufaktur)	die Hand; die Schar (von Bewaffneten)
● Patri magnae manus sunt.	● Der Vater hat große Hände.
● Romulus parvam manum militum duxit.	● Romulus führte eine kleine Schar (von) Soldaten.
● Setze parva manus in den Gen. Sg. u. Abl. Pl.	● parvae manus → parvis manibus
tālis, e	derartig, ein solcher, so (beschaffen)
● Tales viros numquam vidi.	● Solche / Derartige Männer habe ich (noch) nie gesehen.
● Romulus Hersiliae tale consilium dedit.	● So einen Rat gab Romulus Hersilia.
● Derartige Gesichtszüge liebe ich nicht.	● Tales vultus non amo.
laetus, a, um (MH: laetitia)	froh; fruchtbar
● vultus laeti	● fröhliche Gesichter / Gesichtszüge
● Romulus vultu laeto Hersiliam aspexit.	● Romulus sah Hersilia mit frohem Gesicht an.
● fruchtbare Äcker	● agri laeti
igitur *Adv.* (MH: Lied „Gaudeamus igitur!")	also, folglich
● Gaudeo. Nunc igitur rideo.	● Ich freue mich. Also lache ich jetzt.
● Discipulus: „Id nescio. Magistrum igitur rogabo."	● Der Schüler (sagt): „Das weiß ich nicht. Also werde ich den Lehrer fragen."
● Ich freue mich. Also ist mein Gesicht froh.	● Gaudeo. Vultus meus igitur laetus est.

41

Das Wörtchen res wird sehr oft und in vielen Zusammenhängen verwendet. Übersetze zuerst mit „Ding", versuche dann eine elegantere Übersetzung: res futurae: zukünftige Dinge = Zukunft / res stultae: dumme Dinge = Dummheiten.

rēs, reī *f*	die Angelegenheit, das Ding, die Sache
● res novae	● neue Dinge / Angelegenheiten (= Neuerungen)
● Magistri non omnes res sciunt.	● Die Lehrer wissen nicht alle Dinge / nicht alles.
● Setze res nova in den Gen. Sg. und Pl.	● rei novae → rerum novarum

causa (MH: Kausalsatz)	die Sache, die Ursache, der Grund; der Prozess
● causa gemitus vestri	● die Ursache / der Grund eurer Traurigkeit
● Amicus ea verba non sine causa dixerat.	● Der Freund hatte diese Worte nicht ohne Grund gesagt.
● „Sagt mir den Grund eurer Angst!"	● „Dicite mihi causam metus (vestri)!“
medius, a, um (MH: Medium / Medien)	der mittlere, in der Mitte (von)
● locus medius	● der mittlere Platz / der Platz in der Mitte
● Brutus media in turba stetit.	● Brutus stand mitten in der Menschenmenge.
● Die Kinder blieben mitten auf dem Weg stehen.	● Liberi media in via constiterunt.
rēs pūblica (MH: Bundes-Republik Deutschland)	der Staat
● Imperator rem publicam servare voluit.	● Der Kaiser wollte den Staat retten.
rēs adversae	das Unglück
● Imperator: „Cur res adversas timetis, cives?“	● Der Kaiser (sagt): „Warum fürchtet ihr ein Unglück, Bürger?"
rēs futūrae (MH: Futur)	die Zukunft
● „Res futurae civitatis nostrae beatae erunt.“	● „Die Zukunft unseres Staates wird glücklich sein."
rēs secundae	das Glück
● Omnes homines res secundas desiderant.	● Alle Menschen sehnen sich nach Glück.
perniciēs, perniciēī *f*	das Verderben, die Vernichtung
● perniciem timere	● das Verderben fürchten
● Quid erat causa perniciei rei publicae?	● Was war der Grund für die Vernichtung des Staates?
● Die Feinde beabsichtigen die Vernichtung aller Sachen.	● Hostes perniciem omnium / cunctarum rerum cogitant.
spēs, speī *f* (MH: sperare, desperare)	die Erwartung, die Hoffnung
● Magna spes mihi est.	● Ich habe große Hoffnung.
● „Spem amittere non debetis, comites.“	● „Ihr sollt die Hoffnung nicht verlieren, Gefährten."
● Setze magna spes in den Dat. und Abl. Sg.	● magnae spei → magna spe
diēs, diēī *m* (MH: hodie / e. *day*)	der Tag
● Mox primus dies feriarum (!) erit.	● Bald wird der erste Tag der Ferien sein.
● Noctibus diebusque discipuli student.	● Die Schüler studieren (bei) Tag und (bei) Nacht.
● Setze omnes dies in den Gen. und Abl. Pl.	● omnium dierum → omnibus diebus